하나님의 백성이 직면하는 가장 큰 위기는 영적·종교적 위선이다. 오늘날 한국교회도 심각한 영적·도덕적 질병을 앓고 있으며 그로 인해 많은 고통을 당하고 있지만, 요한계시록의 라오디게아 교회처럼 아직도 많은 '교인'들이 사태의 심각성을 깨닫지 못한다. 속은 아프지만 겉모습은 여전히 건강해 보이기 때문이다. 교회의 위선은 신학적 위선을 동반한다. 성경의 가르침을 벗어난 '다른 복음'을 믿으면서도 그것이 복음이 아님을 깨닫지 못하는 것이다. 성경의 언어를 사용한다고 해서 복음적인 것은 아니다. 그 언어를 사용하는 문법이 세속적 욕망에 물들어 있기 때문이다. 우리가 일상에서 사용하는 축복, 은혜, 믿음과 같은 표현들의 용례를 성경의 가르침과 대조해보면 우리가 얼마나 성경에서 멀어져 있는지 발견할 수 있다.

이 책은 우리의 영적·신학적 위선을 치유하기 위한 좋은 도구다. 하나님 나라나 구원처럼 우리가 복음에서 배우고 고백하는 핵심적인 주제들을 하나하나 설명하면서 이런 다양한 주제들이 어우러져 어떻게 하나의 큰 흐름으로 이어지는지 친절하게 보여준다. 특별히 저자는 우리가 곧잘 오해하곤 했던 주요 주제들과 '하나님의 구원'이라는 드라마 전체를 구체적인 성경구절에 근거하여 복음적 관점으로 풀어준다. 많은 이들에게 이 책은 여러 오해를 벗겨내고 성경적인 관점을 회복하는 일종의 신학적 회개의 경험이 될 것이다. 'Simply'라는 제목을 달고 있지만, 이 책의 배후에는 많은 독서와 깊은 묵상이 자리하고 있다. 도덕적 회개가 많은 인내를 요구하는 것처럼, 지적 회개 또한 나름의 인내를 필요로 한다. 부디 많은 독자들이 이 책을 통해 복음을 성경적으로 새롭게 이해할 수 있기를 기대한다.

권연경 숭실대학교 기독교학과 신약학 교수

기독교 신앙의 핵심은 우리 주 예수 그리스도를 믿는 믿음과 이 복된 소식을 널리 전하는 것이다. 하지만 안타깝게도 우리네 교회에서는 바로 이 신앙의 핵심이 뒤죽박죽되어 갈피를 잡을 수 없는 지경에 이르렀다. 구약성경 전체에서 '구원'이라는 단어가 내세나 부활 이후의 삶을 가리키는 경우가 거의 없음에도, 교회가 전하는 구원은 온통 죽음 이후의 세상에 집중되어버렸다. 필연적으로 교회는 이 땅에서의 삶에는 무관심한 척하면서 죽음 이후의 세상을 기대한다. 한편으로는 이 땅에서의 성취를 하나님이 주시는 복으로 여기고, 다른 한편으로는 죽음 이후의 영원한 생명을 겨냥하고서 양손에 떡을 거머쥐는 것이 복음인 양 오해하기 일쑤다. 본서는 신앙의 가장 기본적인 요소인 '복음'의 온전한 의미를 다루고 있다. 복음과 구원과 영생에 대해 조목조목 짚어가면서 학자들의 핵심적인 주장을 다루고 있는 이 책은 간결하지만 결코 가볍지 않다. 복음이 참으로 의미하는 것이 무엇인지 이보다 더 쉽고 간결하게 정리해내기는 어려울 것이다. 복음을 전할 사명을 받은 모든 그리스도인들이 반드시 짚고 가야 할 책이다.

김근주 기독연구원 느헤미야 대표

초대교회에 나타난 이단 중에 마르키온주의자들은 구약이 필요 없다고 주장했다. 오늘날 한국교회도 구약 없이 신약만으로 존재하려는 것처럼 보인다. 신약과 구약의 관계에 별 관심을 기울이지 않은 채 복음을 이해하려 하기 때문이다. 한국교회를 혼란스럽게 하는 이단 중 하나는 구원파인데, 한 번 구원을 받으면 죄를 짓지 않는다는 이들의 극단적인 가르침은, 죄를 짓지만 회개하면 용서를 받고 천당에 가는 것은 이미 확정되었다는 보수 기독교의 가르침과 엇비슷해 보인다. 왜 이런 가르침들이 활개를 치는가? 복음을 천국 입장권과 같은 것으로 받아들이기 때문이다. "때가 찼다"고 선언하시며, 구약으로부터 면면히 흘러오는 하나님의 신실하신 역사 개입의 정점(Climax)을 선언하신 예수는 하나님 나라가 미래에만 임할 것이라고 가르치시지 않았다. 오히려 구약으로부터 기다려오던 '주의 날'이 다다랐고, 이를 위해 자신이 오셨으며, 죽으시고 부활하심을 통해서 하나님 나라가 이미 시작되었음을 선언하신다. 복음은 하나님 나라를 떠나서 존재할 수 없고, 신약은 구약을 떠나서 존재할 수 없다. 그런 의미에서 복음을 부분적으로 이해하여, 성경 전체 흐름에서 떠나 오히려 한국의 토속적 신앙인 샤머니즘의 맥락에서 적용하고, 그렇게 복음을 전하고 있는 한국교회에 꼭 필요한 책이다. 결코 simple 하지 않은 책이지만 한국교회가 살 수 있는 길이 바로 이 복음을 회복하는 길이기 때문에, 또 우리의 솔루션은 'Simply Gospel'이기 때문에, 이 귀한 책을 추천한다.

김형국 나들목교회 담임목사, 하나복DNA네트워크 대표

금번에 출판된 신성관 목사의 『Simply Gospel』은 앞서 출판한 『Simply Bible』의 주요 내용을 좀 더 세부적으로 펼친 것이라 할 수 있다. 본서는 성서가 말하는 복음의 핵심을 명확히 제시하면서도 그 내용을 일목요연하게 도식화하여 제공하기 때문에 초신자들뿐만 아니라 성경을 익숙히 알고 있는 성도들에게도 성서의 진리와 복음의 내용을 연구하는 데 큰 도움을 줄 것이다. 저자는 성도들이 추상적으로만 알고 이해하던 '복음', '영생', '구원', '종말' 등과 같은 개념들이 성서신학의 맥락에서 어떤 의미를 가지는지 보여줌으로써 복음의 핵심 내용이 무엇이며, 복음이 아닌 것이 무엇인지 분별할 수 있는 안목을

열어준다. 독자들은 본서를 통해 예수 믿는다는 말이 참으로 무엇을 의미하는지, 내가 생각하는 복음이 아니라 성경이 말하는 복음이 무엇인지 발견할 수 있을 것이다. 한국 교회가 복음의 순수성과 본질을 회복하고 신구약성서를 바탕으로 신앙을 바로 세워가는 데 본서가 크게 기여할 것으로 기대한다. **박창영** 성결대학교 부총장, 신약학 교수

이 책은 "한국교회의 문제는 복음의 문제다"라는 선언과 함께 시작한다. 복음이 문제라고? 저자는 당당하게 우리가 흔히 듣는 "오늘 밤 당신이 죽는다면, 천국에 갈 수 있을까요?", "예수 믿고 천국 가세요", "예수 믿고 영생 얻으세요"라는 메시지는 반쪽짜리 복음이라고 선언한다. 이 책은 대중들이 잘못 알고 있는 복음의 내용, 복음 전도 방법과 문제점들을 성경으로 조명한다. 이 책의 가장 큰 장점은 그동안 복음주의 신학자들이 많은 논의를 통해 내놓은 깊이 있는 결과물들을 일반인들도 이해할 수 있게 쉽고 깔끔하게 요약 정리했다는 점이다. **이민규** 한국성서대학교 신약학 교수

요즘 성도들이 가장 부담스러워하는 설교가 헌금과 전도에 대한 설교라고 한다. 자신도 누군가의 전도를 통해 교회 나오고 구원의 길에 들어섰음에도 전도하는 것을 꺼리는 것이다. 오늘날 한국교회는 전도 딜레마에 빠져 있다. 복음의 씨앗을 뿌려야 하는 것은 분명한데, 복음을 받아들이는 밭이 너무 거칠다는 것이다. 교회 이미지가 실추된 오늘날의 상황에서 복음을 전하는 것은 버거운 사명처럼 보인다. 그런데 과연 문제는 밭과 상황에만 있는 것일까?

한국교회의 본질적인 문제는 복음에 대한 바른 이해의 결핍이다. 『Simply Gospel』은 이러한 문제의식과 해법을 찾기 위한 고민 속에서 쓰인 책이다. 본서는 우리가 가장 많이 사용하면서도 의외로 잘 모르는 이야기들, 즉 복음, 구원, 믿음, 영생, 천국에 대해 단순 명료하면서도(simply) 깊이 있게(deeply) 다루고 있다. 신약과 구약의 본문을 균형 있게 인용했고, 다양한 도표를 통해 복음에 대한 이해를 돕는다.

저자는 한국교회 성도들이 성서와 복음을 바르게 이해할 수 있도록 남다른 열정으로 강의해왔다. 『Simply Bible』에 이어나온 『Simply Gospel』은 그런 열정이 빚어낸 작품이다. 이 책은 복음을 처음 접하는 이들에게만 아니라 신앙생활을 오래 해온 성도들에게도 매우 유익한 책이라 여겨 기쁜 마음으로 추천하는 바다.

임용택 안양감리교회 담임목사

2014년에 출간된 신성관 목사의 『Simply Bible』은 구약과 신약을 하나님 나라의 관점에서 관통하며 모든 내용을 알기 쉽게 도식화함으로 성경을 이해하는 새로운 대안을 성공적으로 제시했다. 이 책은 뜨거운 반향을 일으키는 동시에 무명의 목회자를 유명한 성경교사의 반열에 우뚝 세웠다. 후속작인 『Simply Gospel』은 첫 작품의 탄력을 받아 기대 속에서 태어난 또 하나의 걸작이다. 저자는 신약학 전공자로 성서학에 대한 학문적 이해가 탄탄하고 이를 신앙공동체에 쉽고 설득력 있게 전달할 수 있는 탁월한 재능을 가지고 있다.

복음(Gospel)이란 신앙인이라면 누구나 제대로 인지하고 숙지해야 할 신앙의 진수(眞髓)다. 신앙공동체 내에서는 누구나 복음에 대해 잘 알고 있다고 생각하지만 실상은 전혀 그렇지 못하다. 이 책은 이러한 복음의 의미를 기원후 1세기 팔레스타인의 배경에서 설명하며, 복음의 핵심적 내용을 '하나님 나라'라는 관점에서 철저히 분석해내고 있다.

복음이 가지는 심층의 의미를 놓치지 않으면서도 복음을 이처럼 쉽게 설명한 책은 아직 보지 못했다. 이제부터 복음을 쉽게 그리고 제대로 깨우치기 위해서는 『Simply Gospel』의 문을 두드려야 할 것이다. 이 책이 한국교회를 성경적 기독교로 세우는 일에 큰 역할을 감당할 것이라고 확신하고 적극적으로 추천한다.

차준희 한세대학교 구약학 교수, 한국구약학회 회장

Simply Gospel

Simply Gospel

하 나 님   나 라   관 점 으 로   보 는   복 음

신성관 지음

Holy
WavePlus

/ 차례 /

서문 __11

  가. 현대 복음 전도 방법과 문제점 __14

    1) 예수＋믿음＋구원 __14

    2) 제자 만들기가 아닌 결단 촉구 __19

    3) 이 세상을 떠나게 만드는 복음 제시 __20

    4) 자기중심적인 복음 이해 __21

  나. 복음의 전체 구조와 책의 전개 방식 __23

  다. 복음의 개요 __24

1_ 구원이란 무엇인가?　　　　　　　　　　　　　　27

가. 구원의 성경적 의미　　　　　　　　　　　　　　30

나. 하나님 나라와 천국　　　　　　　　　　　　　　34

  1) 구약성경에서 하나님 나라는 어떻게 쓰이는가?　　35

  2) 왜 예수는 "하나님 나라가 가까이 왔다"라는 선포를 했는가?　37

  3) 하나님 나라는 언제 오는가?　　　　　　　　40

다. 영생이란 무엇인가?　　　　　　　　　　　　　43

  1) 1세기 유대인들의 영생에 대한 이해　　　　　44

  2) 성경에서 말하는 '생명'의 의미　　　　　　　47

  3) 영생은 언제 소유하는가?　　　　　　　　　49

  4) 요약　　　　　　　　　　　　　　　　　　51

라. 구원을 이해하기 위한 열쇠로서의 언약　　　　54

  1) 예수는 포도나무와 가지 비유를 통해 언약(관계)을 설명한다　55

  2) 언약을 이해해야 그리스도인의 정체성을 파악할 수 있다　57

2_ 복음이란 무엇인가?   61

가. 복음에 대한 정의   62
　1) 복음서에서 말하는 복음   64
　2) 사도행전에 나타난 복음 설교   69
나. 바울이 전한 복음   75
　1) 바울의 복음 이해 과정   75
　2) 바울의 세계관 형성 배경   76
　3) 바울의 복음   80

3_ 하나님 나라의 완성과 초대   119

가. 하나님 나라는 어떻게 완성되는가?   120
나. 복음의 목적   123
다. 초대와 응답: 회개와 믿음   124
　1) 회개   124
　2) 믿음   131
라. 믿음의 효과   134
마. 하나님과의 바른 관계를 어떻게 유지하는가?   135
　1) 인간의 신실함   135
　2) 하나님의 신실함   138
바. 종합   143

부록1 하나님 나라 이야기 요약 _149
부록2 구약성서의 위기와 구약의 복음 _155
주 _163
참고문헌 _169

| 서문 |

"한국교회가 복음 위에 세워진 것이라면, 한국교회의 문제는 복음의 문제다."

현재 한국교회는 안팎으로 큰 위기 상황에 봉착해 있다. 매스컴에서는 하루가 멀다 하고 교회의 부정과 비리를 고발하는 뉴스를 내보내고 있다. 유명 목사들의 일탈 행위와 사회적으로 상당한 지위를 가진 그리스도인들의 범법 행위가 가십거리가 되기도 한다. 또한 타 종교의 시설에 난입하여 종교적인 폭력을 행사하며 물의를 일으키는 사람들 때문에 기독교를 개독교라고 부르는 현상마저 심심치 않게 접할 수 있다. 과거 한때 기독교는 한국 민족의 희망과도 같은 존재였지만 지금은 상당수 사람들이 기독교란 이름만 들어도 고개를 돌리거나 아예 기독교 신자들과 말 섞는 것 자체를 꺼리는 세상이 되어버렸다.

교회 내부의 문제 역시 심각하다. 오래전에 한국교회를 양적으로 성장시킨 낡은 패러다임인 기복주의, 번영신학, 무속적 성령운동, 사제주의, 이원론 등의 폐해가 지금도 여전히 교회를 괴롭히고 있다. 신학자 데이비드 웰스는 신학이 부재한 교회는 필연적으로 세속화될 수밖에 없다는 진단을 내린 적이 있는데, 꼭 그의 말이 아니더라도 오늘날 한국교회가 겪고 있는 일탈과 부침은 거개가 올바른 신학의 부재에서 비롯되는 것들이다. 교회가 신학을 무시하고 외면할수록, 신학이 교회를 지도하고 섬기는 대신 탁상공론에 빠질수록, 한국교회의 세속화는 더욱 가속화될 것이다.

최근에는 한국교회 주변에서 소위 '가나안 성도'라는 신조어가 유행하고 있다. '가나안' 성도란 '안나가' 성도를 거꾸로 발음한 것이다. 이 말은 오늘날 한국교회의 난맥상에 실망하고 분개한 나머지 아예 교회를 떠나서, 교회 밖에서 방황하고 있는 사람들을 가리키는 말이다. 이런 사람들의 숫자가 무려 2백만 가까이 된다는 설문조사 통계를 볼 때 이런 현상은 결코 가볍게 볼 일이 아님이 자명하다.

그동안 한국교회가 처한 현실 문제의 원인을 진단하고 대안을 제시하기 위한 다양한 종류의 책들이 출간되었다. 필자 역시 한국교회 성경 교육의 문제를 진단하면서, 그 대안으로 성경 개관서인 『Simply Bible』을 출간한 바 있다. 이 책을 출간하고 나서 수많은 세미나를 개최하였고, 많은 지역교회들로부터 초청을 받아 하나님 나라에 대해 강의를 진행했다. 이런 세미나와 강의 덕분에 평소 만날 수 없었던 많은 목회자와 성도들과 교제를 나눌 기회를 얻게 되었고, 그 과정에서 매우 자연스럽게 동료 그리스도인들이 갖고 있는 기독교 신앙과 성경에 대한 생각들을 접할 수 있었다. 그리고 생각보다 많은 그리스도인들이 말씀에 굶주려 있으며 더 바르게 성경을 읽고 묵상하고자 하는 열망을 품고 있다는 것을 알게 되었다. 이들과의 만남과 교제와 대화가 『Simply Bible』의 후속편인 『Simply Gospel』을 쓰는 동기가 되었다.

세미나와 강연을 통해서 만난 동료 그리스도인들과 대화를 나눌 때마다 필자를 깜짝 놀라게 한 것이 있다. 그들이 "하나님 나라에 대해 처음 들었다", "아직도 무엇을 믿어야 할지 모르겠다", "제대로 성경을 배우고 싶다"라는 고백을 스스럼없이 했다는 점이다. 그리고 의외로 많은 그리스도인들이 성경에 나오는 중요한 신학적 개념인 '복음', '영생', '구원', '종말' 등에 대해 잘못 이해하고 있었다. 성경에 등장하는 중요한 신학적 개념에 대한 이해는 개인이 성경을 이해하고 실천하는 것과 직결되는 문제다. 또한 이 문제는 단순히 개인적 차원에서 끝나는 것이 아니라 교회 공동체의 문제와도 직결된다. 교회는 복음을 중심으로 태동한 거룩한 공동체다. 만일 교회 공동체를 구성하고 있는 개별 신자들이 복음을 오해하고 있다면, 필연적으로 그 교회 역시 왜곡된 복음을 따라 그릇된 길을 갈 수밖에 없을 것이다. 따라서 현재의 한국교회를 성경적으로 올바르고 건강한 교회로 환골탈태시키기 위해서는 무엇보다 성경이 가르치는 복음에 대한 바른 이해를 회복하는 것이 급선무다. 이 점을 염두에 두고서 필자는 이 책 『Simply Gospel』에서 '복음'을 설명하는 것에 최우선적인 강조점을 두었으며, 그와 관련된 기초적인 신학 개념을 함께 나누고자 노력했다. 또한 일선 목회자와 신학도들, 그리고 지성적 그리스도인들이 이 책을 통해서 복음의 기본 개념을 정립한 뒤 다른 학술서로 넘어갈 수 있도록 미주를 통해 관련자료를 명시했다.

『Simply Gospel』은 앞서 출간된 『Simply Bible』의 내용을 상당 부분 재인용했다. 또한 장로교, 감리교, 성결교, 침례교, 순복음 등 각 교단의 구원론과 충돌하지 않게 하면서 최대한 현대 성서신학의 연구 결과물을 토대로 논지를 전개하였고, 필요한 경우에는 관련 학자들의 견해를 함께 실었다. 현재 국제 신약학계에서 민감한 문제인 이신칭의나 새 관점 문제 등은 다루지 않았다.

부족한 원고가 세상에 나올 수 있도록 도와주신 새물결플러스 김요한 대표님과 직원 모두에게 감사드린다. 또한 사역과 저술을 병행할 수 있도록 배려해주신 안양감리교회 임용택 담임목사님과 교역자, 성도님 그리고 나를 지도해주신 성결대학교 교수님들과 사랑하는 가족 모두에게 감사드린다.

이 책을 통해 많은 그리스도인들이 복음에 대해 다시금 깊이 상고하는 계기를 갖고, 한국교회의 변화에도 작게나마 기여할 수 있기를 희망한다.

가. 현대 복음 전도 방법과 문제점

1) 예수+믿음+구원

우리는 주변에서 복음 전도라는 미명하에 다음과 같은 말을 자주 듣는다.

"당신이 당장 오늘 밤에 죽는다면 천국에 갈 수 있을까요?", "예수 믿고 천국 가세요", "예수 믿고 영생 얻으세요."

언젠가부터 교회 성장이 벽에 부딪히자 이를 타개하고 전도를 활성화하기 위해서 상당수 한국교회가 전도축제, 총동원주일 등과 같은 방법을 통해 사람들을 교회로 초청한다. 그리고 순서에 맞춰 복음을 선포한다.

"우리는 죄인입니다", "따라서 우리는 하나님과 멀어져 있습니다", "하나님과의 관계가 끊긴 인간이 겪을 최후는 지옥입니다", "최후의 심판에서 용서받으려면 어떻게 해야 할까요?", "당신의 공로가 아닌 당신의 죄를 위해 죽으신 예수를 믿으면 모든 것이 가능합니다."

그리고 마지막으로 결정적인 멘트를 날린다. "지금 믿으시겠습니까?"

이것이 우리 주변에서 흔히 볼 수 있는 익숙한 방식의 복음 전도의 모습이다.

그러나 미국 신약학자 스캇 맥나이트(Scot McKnight)는, 우리가 흔히 복음 전도라고 부르는 것은 복음이 아니라 구원 방법론을 선포하는 '구원주의'라고 말하고 있다.[1] 그렇다면 왜 이런 문제가 일어나는 것일까?

우리는 전도 집회 강사나 전도자들에게서 다음과 같은 말을 자주 듣는다.

"예수 믿고 구원받으세요."

"예수 믿고 영생 얻으세요."

"예수 믿고 천국 가세요."

위의 세 가지 문장은 우리가 신앙생활하면서 가장 흔히 들을 수 있는 복음 전도의 선포이자, 기독교 복음의 의미를 가장 함축적으로 요약한 대표적인 고백이다. 이 세 문장이 공통적으로 담고 있는 요소는 '예수'(대상), '믿음'(고백 또는 결단)이며, 각각 '받다', '얻다', '가다'라는 결과를 제시하고 있다. 여기서 이 문장들이 복음의 목적이자 목표라고 할 수 있는 '구원', '영생', '천국'을 각기 다른 방식으로 지시하고 있다는 점만 다를 뿐 모두 동일한 내용을 고백하고 있다. 그런데 이러한 고백이 틀렸다고 할 수는 없지만 전적으로 옳다고도 할 수 없다.

놀랍게도 너무나 많은 그리스도인들이 '무엇을 믿어야 하는지', '구원, 천국, 영생이 무엇인지', '예수를 믿는 목적이 무엇인지'를 몰라 혼란스러워하고 있다. 왜 한국교회 안에서 이런 현상이 발견되는가? 그것은 '복음'이 정확하게 가르쳐지지 않았기 때문이다.

--- **TEST** ---

구원받은 자로서 우리는 다음의 질문에 올바로 대답할 수 있는가?

1. 예수가 하신 일과 예수가 그리스도라는 고백과 관련하여

1) 예수가 그리스도라는 것은 어떤 의미인가?

2) 예수가 하신 일은 무엇인가?

3) 예수의 죽음과 부활의 의미를 아는가?

복음의 내용을 충분히 이해하기 위해서는 위의 Test에 나온 3가지 주제로 분류된 8가지 질문에 모두 답할 수 있어야 한다. 왜냐하면 이것을 제대로 이해하는 것이 복음의 내용을 바르게 파악하고 그것을 참되게 전하는 기초이기 때문이다. 이제 위에서 제시한 방식을 따라, 복음을 올바로 이해하지 못하는 것이 어떤 문제를 일으키는지 살펴보자.

1. 예수가 하신 일과 예수가 그리스도라는 고백과 관련하여

1) 예수가 그리스도라는 것은 어떤 의미인가?

　　잘못된 이해의 결과

　　　- 예수는 나를 부자로 만들어주는 열쇠다.

　　　- 예수는 내 기도를 들어주는 존재다.

2) 예수가 하신 일은 무엇인가?

　　잘못된 이해의 결과

　　　－ 예수는 내 문제를 해결해주고 병을 고쳐주기 위해 이 땅에 오셨다.

　　　－ 예수의 이름으로 선포하면 무엇이든지 이루어진다.

3) 예수의 죽음과 부활의 의미를 아는가?

　　잘못된 이해의 결과

　　　－ 예수는 오로지 나를 구원하기 위해 죽으셨다.

　　　－ 예수의 부활이 나와 무슨 상관이 있는가? 부활절 예배?

2. 믿음의 의미와 관련하여

1) 믿음은 단순히 지적 동의만을 의미하는가?

　　잘못된 이해의 결과

　　　－ 의심하지 않고 구하기만 하면 무엇이든지 얻을 수 있다.

　　　－ 예수를 믿는 것은 예수의 존재를 의심하지 않는 것이다.

　　　－ 예수가 실재했는지를 믿는 것이다.

2) 하나님의 신실한 이야기를 아는가?

　　잘못된 이해의 결과

　　　－ 구원은 오로지 나를 위한 것이다.

　　　－ 기독교는 유럽에서 기원한 것 아닌가?

3. 복음의 목표인 구원, 영생, 천국과 관련하여

1) 구원이란 무엇인가?

    잘못된 이해의 결과

       - 죽어서 천국 가는 것

2) 영생이란 무엇인가?

    잘못된 이해의 결과

       - 영원히 사는 것

3) 천국=하나님 나라에 대한 이해가 있는가?

    잘못된 이해의 결과

       - 하늘에 있는 보석으로 꾸며진 궁전

2) 제자 만들기가 아닌 결단 촉구

우리는 종종 "이 세상에서 가장 중요한 것이 무엇인가?"라는 질문을 받는다. 그리고 이 질문에 대한 답은 대개 (영원한)'생명'으로 귀결된다. 이러한 질문은 전도에 대한 동기를 부여하고 그것을 격려한다는 점에서 필요하지만, 성급한 결단을 촉구한다는 단점이 있다. 자칫하면 성경이라는 거대한 복음 이야기가 단지 '생명', '죽음', '천국', '지옥'과 같은 몇 가지 개념으로 축소되는 결과를 낳을 수 있기 때문이다.

다시 말하지만 "오늘 밤 당신이 죽는다면 어떻게 되겠습니까?"와 같은 질문과, 이와 관련된 자극적인 내용의 종교적 예화는 사람들을 예수의 신실한 제자로 만드는 것이 아니라 오직 구원을 얻기 위한 성급한 결단만을 촉구할 뿐이다. 그리고 이런 식의 복음 제시로는 복음의 의도를 정확히 구현하기 어렵다.

3) 이 세상을 떠나게 만드는 복음 제시(천국 가는 방법, "복음")

우리는 흔히 "예수 믿고 천국 가세요"라고 복음을 전한다. 이 표현에 따르면 복음은 예수를 믿는 것이고 그 대가는 천국이다. 물론 전적으로 틀린 말은 아니지만, 이러한 복음은 값싼 복음이고 반쪽짜리 복음이다. 예수 시대의 그리스도인들에게 복음은 단지 구원의 방법만을 말하는 것이 아니었고, 구원의 목적도 단순히 천국에 들어가는 것이 아니었다. 예수는 이 땅에 오셔서 '하나님 나라'를 선포했고, 예수의 신실한 계승자였던 사도 바울도 '하나님 나라'를 선포했다. 성경의 '하나님 나라'와 '천국'은 의미상으로 동의어다. 그러나 우리가 간과하지 말아야 할 것은 하나님 나라(천국)가 우리가 죽어서 가는 나라만을 의미하지는 않는다는 점이다. 예수는 "때가 찼고 하나님 나라가 가까이 왔다(이미 왔다)"라고 말하고 있다. 다시 말해 예수 선포의 핵심은 하나님 나라가 죽어서 가는 곳이 아니라 이미 이 땅에 왔고, 그 나라가 지금 계속해서 성장하고 있으며, 언젠가 미래에 그 나라가 완성될 것이라는 사실이다. 그러나 교회에서 주로 말하는 '예수 믿고 천국 가는' 복음은 우리에게 오로지 내세 구원만을 바라보게 함으로써 절반의 복음만을 알게 하고, 우리가 이 땅에서 구원받은 이유와 목적에 대한 하나님의 거대한 계획은 설명하지 않고 있다. 신약학자 톰 라이트는 이와 같은 그리스도인들의 내세 지향적인 복음이 1세기 바울의 복음과는 큰 차이가 있다는 점을 지적하면서 이렇게 말한다.

> 내세에 대한 걱정 그리고 천국 가는 데 요구되는 정확한 자격 요건과 같은 주제는 (아마도) 특별히 흑사병 이후에 서구 기독교의 특징이 되어 서구의 신약 해석의 외양을 결정하게 되었지만 바울 당대의 문헌에서는 그리 많은 자리를 할애받지 못했다.[2]

이러한 톰 라이트의 지적은, 오로지 천국에 들어가는 것에만 초점을 맞춘 복음이 중심을 이루는 현대의 복음 전도 방법을 다시 검토해야 함을 시사한다.

4) 자기중심적인 복음 이해(천동설적 복음 이해)

'나 자신과 나의 구원이 기독교 신앙 전체의 중심'이라는 믿음 역시 문제가 된다. 이는 위에서 언급한 '천국 가는 방법으로서의 복음'과 맥을 같이하는 문제다. 자기중심적인 복음 이해는 성경을 나 중심으로 읽게 하고, 이는 결국 어떻게 자신이 구원을 받을 수 있는가에 맞춰 성경을 이리저리 짜깁기하게 한다. 즉 자기 스스로 구원받는 방법론을 만들어 버리는 것이다. 이것은 성경을 자신의 세계관과 욕망에 맞춰서 왜곡하고 오독하는 대표적인 경우다.

톰 라이트는 사람이 창조된 데는 특정한 목적이 있음을 지적하면서 다음과 같이 말한다.

그 목적은 그저 사람 자신을 위한 것도 아니며, 그저 사람이 하나님과 관계를 맺기 위한 것도 아니었다. 하나님은 그분의 형상을 품은 사람을 통해서 지혜롭고 선하며 풍족한 그분의 질서를 세상에 심겠다는 목표를 갖고 계셨다. 그리고 역사의 마지막인 요한계시록에 있는 성경의 마지막 장면을 보라. 그것은 사람이 하늘로 올라가 하나님과 친밀하고 가까운 관계를 맺는 장면이 아니라 하늘이 땅으로 내려오는 장면이다.[3]

한편 복음을 빈약하게 이해하는 것은 교회론의 문제와 직결된다. 한국교회가 복음에 기초한 성경적 교회를 지향하고 있다면, 한국교회의 문제는 시스템과 문화에 있는 것이 아니라 '복음' 자체에 대한 이해와 적용에 있다. 따라서 한국교회의 문제를 해결하는 가장 근본적인 길은 복음에 대한 올바른 이해를 회복하는 것이다.

이제 우리는 현대 교회의 복음 전도와 초기 기독교 제자들의 복음 전도의 차이점을 비교하면서 '복음'의 참된 뜻이 무엇인지를 탐구할 것이다. 먼저 복음의 지향점이자 목적인 '구원'에 대해 살펴보자.

나. 복음의 전체 구조와 책의 전개 방식

본서에서는 복음의 의미를 설명하기 위해 아래 도표에 따라 논리를 전개했다. 이 전개도를 따라가다 보면 복음의 깊고 풍성한 의미를 깨달을 뿐 아니라 복음을 전하는 유용한 도구로 이 도표를 사용할 수도 있을 것이다.

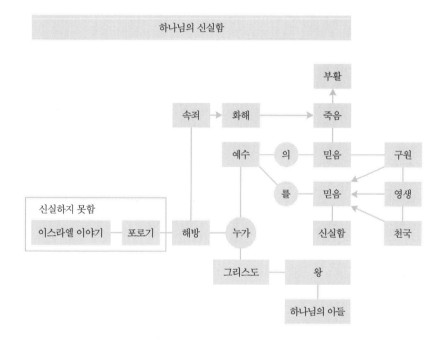

다. 복음의 개요

1. 하나님은 인류의 대표인 아담과 하와가 훼손한 창조 질서(하나님 나라)의 회복을 위해 일하신다.

2. 하나님 나라의 회복을 위한 하나님의 신실한 계획 가운데 모든 민족의 대표로 이스라엘이 선택되었다.

3. 하나님은 이스라엘이 모든 민족의 대표로서 하나님의 신실한 계획에 신실함으로 응답하여 하나님 나라 회복의 도구로 사용되기를 기대하신다.

4. 모든 민족의 대표인 이스라엘은 하나님의 신실한 요청에 신실하지 못하게 응답함으로써 하나님의 신실한 계획이 모든 인류에게 미치지 못하게 만들어버렸다.

5. 신실하지 못한 이스라엘은 '포로'의 상황에 놓이게 되었다.

6. 하나님은 신실하지 못한 이스라엘을 대신해서 하나님 나라 회복을 위한 모든 민족의 대표로 예수를 이 땅에 보내셨다.

7. 예수는 하나님의 신실한 계획의 요청에 신실한 죽음으로 응답하셨다.

8. 예수의 죽음은 속죄를 위한 죽음으로서, 이스라엘을 '포로'의 상황으로 내몰았던 사탄으로부터의 해방을 가져다주었다.

9. 하나님의 신실하심은 여기서 멈추지 않고 예수를 부활시킴으로써 하나님의 의로우심을 증명한다.

10. 우리는 무엇을 믿어야 하는가? 첫째로 하나님의 신실하심을 믿는다. 둘째로 하나님의 신실하심을 이루는 내용인 이스라엘의 구원 이

야기, 예수의 죽음을 통한 완성, 그리고 부활의 역사성을 믿는다.

11. 복음이란 하나님의 신실한 이야기의 절정을 이루는 좋은 소식을 말하며, 복음을 믿는다는 것은 하나님의 신실한 계획과 그 계획이 예수의 죽음으로 완성된다는 사실, 그리고 그 계획이 미래에도 신실하게 이루어질 것을 믿는 것이다.

12. 하나님의 신실한 계획에 예수는 신실함으로 응답하셨고 예수의 신실한 죽음이 하나님의 신실한 백성(그리스도인)을 만들어냈다.

1_ 구원이란 무엇인가?

- 구원의 성경적 의미

- 하나님 나라와 천국

- 영생이란 무엇인가?

- 구원을 이해하기 위한 열쇠로서의 언약

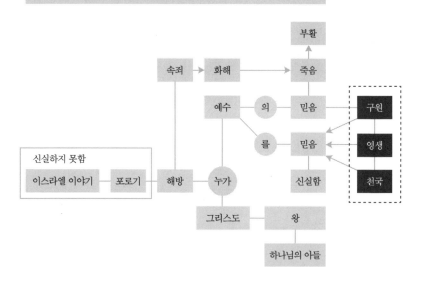

'구원'은 기독교에서 가장 중요한 용어다. 구원은 그리스도인이 신앙생활을 하는 목표이자 소망이라고 할 수 있다. 그렇다면 우리는 '구원'에 대해 얼마나 바르게 알고 있는가? 모태신앙인인 필자의 기억을 더듬어 보면 어린 시절에 배운 '구원'은 불못으로 상징되는 지옥과 반대되는 단어로, 지옥 같은 세상에서 구출받는다는 의미를 갖고 있었다. 실제로 한번은 부자와 나사로가 나오는 인형극 속에 나오는 불지옥 모습을 보고 큰 충격을 받아 절대로 지옥만큼은 가지 말아야겠다는 결심을 했었다. 그래서 기독교 신앙을 지성적으로 이해하려는 아무런 노력 없이 오로지 천국에 가기 위해 교회를 열심히 다녔던 기억이 지금도 생생하다.

오늘날의 교회 현장도 과거와 크게 다르지 않다. 주일학교 선생님들은 아이들에게 지옥 가기 싫으면 교회 나오라는 거의 협박조에 가까운 위협을 행사하면서 교회 출석을 종용한다(다른 점이 있다면 요즘은 인형극이 아니라 무시무시한 영상을 틀어준다). 교회에서 틀어준 무시무시한 영상을 보면서 아이들은 겁에 질린 채 그 반대급부로 천국을 소망하게 된다. 그러나 사실 요즘은 이 방법도 큰 효과가 없다. 영상 매체가 뿜어내는 공포와 괴기 문화에 매우 익숙한 아이들은 지옥을 묘사하는 영상과 설명에도 전혀 겁먹지 않고 그저 하나의 판타지를 보듯 하기 때문이다. 사역자들이 이러한 현장의 이야기와 함께 고충을 토로하면 필자는 늘 같은 대답을 해준다. "자료와 도구 사용에 목매지 말고 구원과 천국, 그리고 지옥의 바른 개념을 명확히 설명해주세요."

여전히 대다수 한국 그리스도인들은 '구원'을 '(죽어서) 천국 가는 것'으로 이해하고 있다. 필자가 여러 교회의 세미나와 특강을 인도하면서 청중들에게 구원이 무엇인지 질문했을 때, 대부분의 성도가 구원은 천국에 가는 것이라는 대답을 내놓았다. 구원이 천국에 들어가는 것이라고 여기다 보니, 자연스럽게 예수는 천국에 보내주는 분(구원자)이라는 대답이 이어졌다. 그리고 이 사실을 단순히 '믿기만' 하면 사후에 지옥이 아닌 천국에 갈 수 있다고 생각한다.

'영생'에 대한 생각도 이와 비슷하다. 많은 그리스도인들이 영생은 곧 천국에서 영원히 사는 것이라고 일관되게 대답한다. 이처럼 한국교회 일반에서 구원은 천국 가는 것이고, 천국은 영원히 사는 곳이라는 논리가 구조화되어 있는 것이다.

그렇다면 성경에서 말하는 구원, 천국(하늘에 있는 장소), 영생(영원히 사는 것)의 진정한 의미는 무엇일까?

가. 구원의 성경적 의미

사실 성경에서 '구원'의 의미를 살펴보는 것은 쉽지 않다. 성경의 각 저
자들이 자신만의 고유한 언어로, 여러 가지 그림과 이야기를 통해 '구
원'에 대해 다양하게 설명하고 있기 때문이다.

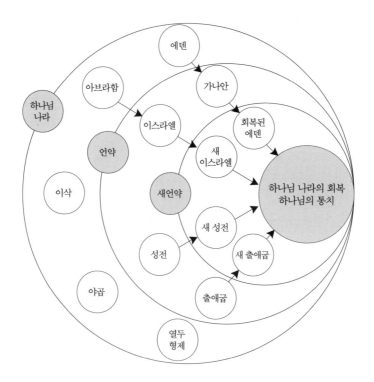

위 그림은 성경에 나타난 구원의 개념을 필자가 도식화한 것이다. 성경은 구원의 개념을 '민족의 해방', '에덴의 회복', '성전', '출애굽' 등과 같은 다양한 그림으로 설명하고 있다. 여기서 우리는 하나의 이야기가 새롭게 갱신되는 모습을 볼 수 있다. 즉 아브라함은 이스라엘로, 그리고 이스라엘은 새 이스라엘로, 성전은 예수 안에서 새 성전으로 갱신된다. 또한 출애굽 사건은 새 출애굽으로, 에덴은 가나안으로, 가나안은 회복된 에덴의 그림으로 그 의미가 상승되는 것을 볼 수 있다.

이처럼 성경은 다양한 그림을 통해 구원의 의미를 설명하고 있다. 그것은 성경적 '구원'의 의미가 그만큼 깊고 풍성하고 다채롭기 때문이다. 그러나 모든 구원의 이미지는 결국 한 가지 의미로 귀결된다는 점에서 중요하다. 그 '목적지'는 바로 '하나님의 통치'다.

신약학자 마커스 J. 보그(Marcus J. Borg)는 성경에 나온 구원을 다음과 같이 정리한다.[4]

A. 속박으로부터의 해방: 애굽으로부터의 구원은 경제적·정치적·종교적 속박으로부터의 구원을 모두 포함한다.

B. 귀양살이에서의 귀환: 바벨론의 압제로부터의 해방은 하나님의 활동과 속성(임재와 사랑)을 모두 포함한다.

C. 위험에서의 구출: 시편에 등장하는 위험과 위협으로부터의 구출과 구조는[5] 질병과 죽음으로부터의 구출을 포함한다.

구약에서의 구원은 대부분 민족(개인)을 억압하고 있던 것에서 '해방'되고 '구출'됨을 의미한다. 그러나 구약과 신약에 나타난 구원이 단순히 해방과 구출만을 의미하는 것은 아니다. 여기서 더 중요한 것은 억압의 대상에게서 해방됨으로써 그 위치와 신분이 변화되었다는 점이다. 하나님은 이스라엘 백성을 애굽에서 구출하여 자신의 언약 백성으로 삼으셨고, 바벨론 포로 생활에서 그들을 해방시키고 그들과 새 언약을 맺으셨다. 그러므로 '구원'은 해방과 구출을 넘어서 하나님의 백성(가족)이 되는 이야기를 포함하는 것이다.

이러한 구원의 이미지는 이스라엘 가정의 유대관계를 보여주는 '고엘 제도'와 하나님의 구원을 결합시킬 때 잘 드러난다. '고엘 제도'란 서로 돕고 보호할 책임이 있는 가족 구성원의 의무를 일정한 제도를 통해 상세하게 규정한 것이다. '고엘'이란 단어의 어근은 '되사다'이며, '반환을 요구하다', 특히 '보호하다'라는 의미가 있다. 고엘은 가장 가까운 친척의 부채를 갚아주고 그를 원수의 손아귀에서 보호하는 책임을 말한다.[6]

구약의 저자들은 억눌린 자들을 위해 보복하시는 분이자 자기 백성을 구출하시는 야웨에게 '고엘'(구원자)이란 호칭을 붙인다.

그러나 나는 확신한다. 내 **구원자**가 살아 계신다. 나를 돌보시는 그가 땅 위에 우뚝 서실 날이 반드시 오고야 말 것이다(욥 19:25).

그러나 그들의 **구원자**는 강하니, 그 이름은 '만군의 주'다. 내가 반드시 그들의 탄원을 들어주어서 이 땅에 평화를 주고, 바빌로니아 주민에게는 소란이 일게 하겠다(렘 50:34).

그제서야 그들은, 하나님이 그들의 반석이심과, 가장 높으신 하나님이 그들의 **구원자이심**을 기억하였다(시 78:35).

너희들의 **속량자요**, '이스라엘의 거룩하신 분'이신 주께서 이렇게 말씀하신다. "내가 바빌론에 군대를 보내어 그 도성을 치고 너희를 구하여 내겠다. 성문 빗장을 다 부수어 버릴 터이니, 바빌로니아 사람의 아우성이 통곡으로 바뀔 것이다"(사 43:14).

이스라엘의 왕이신 주, 이스라엘의 **속량자이신** 만군의 주께서 말씀하신다. "나는 시작이요, 마감이다. 나 밖에 다른 신이 없다"(사 44: 6).

이렇듯 성경이 하나님의 구원을 묘사할 때 가족의 이미지를 사용한다는 점은 매우 중요하다. 구약에서 하나님의 구원 이야기는 가족적인 유대감과 책임을 통해 드러난다. 특히 이스라엘을 가리켜 '하나님의 아들', 또는 '하나님의 아들들'이라고 지칭하는 표현을 종종 볼 수 있는데, 이 또한 하나님과 백성의 관계를 가족으로 설명하는 것이다.

구약성경에서 가정을 책임지는 이야기는 아브라함과 롯 이야기, 고멜과 호세아 이야기에서 잘 나타난다. 이스라엘의 가정에서 가장의 책무는 잃은 자녀를 되찾아 다시 가정으로 이끄는 것이며, 그것이 구속의 이미지다. 구약에서 하나님의 구원은 본래 자신의 자녀였던 이스라엘 백성을 출애굽시킨 다음 그들을 안전한 땅 가나안으로 옮기시고 다시 자신의 자녀 삼으시는 것이다. 그리고 신약에서는 포로기의 이스라엘을 회복시키고 그들과 새 언약을 체결하여 다시금 자신의 자녀로 삼으신다. 누가복음에서 예수는 삭개오에게 다음과 같이 선포한다.

> 예수께서 그에게 말씀하셨다. "오늘 구원이 이 집에 이르렀다. 이 사람도 아브라함의 자손이다"(눅 19:9).

하나님(아버지)은 사탄의 삯을 받고 살던 우리를 구원하기 위해 자신의 아들이자 상속자를 대속물로 보냄으로써(마 20:29) 잃어버렸던 자녀들을 되사셨다. 그래서 구원받은 우리는 하나님 아버지 안에서 서로서로 형제와 자매라고 부를 수 있는 것이다. 우리는 하나님의 구원이 구속을 위한 구원이라는 사실, 그리스도인의 최종 목적지는 하나님(아버지)의 통치로의 복귀라는 사실을 기억해야 한다.

나. 하나님 나라와 천국

> 돈으로도 못 가요 하나님 나라, 거듭나면 가는 나라 하나님 나라…믿음으로 가는 나라 하나님 나라….

과거 주일학교 시절 누구나 한 번쯤 불러봤을 노래다. 필자도 어릴 적 이 노래를 부르며 하나님 나라를 소망했던 기억이 있다. 사람은 누구나 저마다 '천국'(하나님 나라)에 대한 이미지를 갖고 있다. 우리는 자신만의 상상을 통해, 교회에서 듣는 설교 혹은 시각적인 매체를 통해 천국의 이미지를 그린다. 어떤 그리스도인들은 천국을 고급 빌라와 같은 것으로 생각하여, 미래의 천국에서는 좀 더 좋은 집에서 살 것을 소망한다. 각종 보석과 보화로 치장된 천국을 그리는 이도 있다. 톰 라이트는 1세기 유대인들의 하나님 나라 개념을 설명하면서 다음과 같이 말한다.

> 오랫동안 그리스도인들에게 '천국'은 구원받은 영혼이 사후에 가서 살게 되는 하늘에 있는 특정한 장소를 가리키는 단어로 사용되어 왔다. 그러나 예수가 살던 1세기에는 천국의 뜻은 '이스라엘의 하나님이 왕이 되신다는 것'을 유대적으로 말하는 방식이었다.[7]

1세기 유대인들에게 '하나님 나라'가 어떤 의미였는지를 이해하기 위해서는 먼저 이 단어의 구약적 의미를 살펴보아야 한다.

1) 구약성경에서 하나님 나라는 어떻게 쓰이는가?

구약성경에서는 '하나님 나라'라는 표현은 사용되지 않지만, '하나님'과 '나라'를 함께 사용한 경우는 있다. 구약에서 '나라'는 히브리 단어인 '말쿠트'(מַלְכוּת)의 번역으로 사용된다. 여기서 나라로 번역한 말쿠트라는 단어 안에는 '왕'이란 의미가 담겨 있다. 또한 말쿠트의 그리스어 번역인 '바실레이아'도 '왕'(바실레오스)이 다스리는 나라라는 의미를 담고 있다. 따라서 구약의 '나라'(말쿠트)와 신약의 '나라'(바실레이아)는 나라 (nation)가 아니라 왕국(kingdom)으로 번역하는 것이 옳다. 둘 사이에 큰 차이가 없어 보이지만, 왕국은 왕이 통치하는 나라를 뜻한다.

또한 구약성경에서 '나라'(말쿠트)가 하나님을 수식할 때, 이 단어는 특정한 영토보다는 대부분 왕의 '권위'와 '통치'를 의미한다.[8]

> 성도들이 주의 나라의 영광을 말하며, 주의 위대하신 업적을 말하는 것은, 주의 위대하신 업적과, 주의 나라의 찬란한 영광을, 사람들에게 알리려 함 입니다. 주의 나라는 영원한 나라이며, 주의 다스리심은 영원무궁합니다. (주님이 하시는 말씀은 모두 다 진실하고, 그 모든 업적에는 사랑이 담겨 있다)(시 145:11-13).

> 주님은 그 보좌를 하늘에 두시고서, 그 정권으로 만유를 통치하신다(시 103:19).

그렇다면 우리는 어떤 이유로 하나님 나라를 하늘에 있는 특정한 장소라고 생각하게 되었을까?[9] 그것은 '하늘나라'라는 단어에 대한 오해에서 비롯되었을 가능성이 크다. 신약성경에서 '하나님 나라'를 묘사하는 데 장소적인 뉘앙스를 지닌 '하늘나라'(천국)를 사용한 것은 마태복음 뿐이다. 마태복음에서 사용한 하늘나라(천국)라는 표현은 실제로는 마가복음과 누가복음에서 사용한 것과 동일하게 하나님의 '통치'를 의미한다. 단순히 단어를 '하나님'이 아닌 '하늘'로 바꿔서 사용했을 뿐이다(참조. 마 19:14; 막 10:14; 눅 18:16). 이러한 단어 선택에 대해 많은 학자들은 마태가 염두에 두었던 유대인 독자들이 종교적인 이유로 '하나님'이라는 단어 사용을 어려워했기 때문에 그 대신 '하늘'이라는 단어로 완곡하게 표현했을 것이라고 말한다. 많은 그리스도인들이 하나님 나라를 특정한 장소로 오해하는 이유는 '하늘'(heaven)을 현대의 세계관에 비추어 위에 있는 세계 또는 공중에 위치한 어떤 영역으로 간주한 결과라고 볼 수 있다. 하나님 나라(통치)는 '가는 곳'이라기보다 '우리에게 찾아오는 것'이다. 예수가 우리에게 가르쳐준 기도에서도 이러한 사실이 잘 드러난다. "나라가 임하시오며 뜻이 하늘에서 이루어진 것 같이 땅에서도 이루어지이다."

2) 왜 예수는 "하나님 나라가 가까이 왔다"라는 선포를 했는가?

앞에서는 '하나님 나라'가 '하나님의 통치'라는 의미로 쓰였음을 살펴보았다. 이는 신약성경에도 그대로 적용된다. 예수께서 이 땅에 오셔서 제일 먼저 선포한 것은 단순히 "구원받아라"가 아니라 "때가 찼다. 하나님의 나라가 가까이 왔다. 회개하여라. 복음을 믿어라"(막 1:15)라는 메시지였다. 왜 예수는 '하나님 나라'(통치)가 왔다고 선포했을까? 논리적으로 생각해본다면 예수의 이 선포가 있기 전 이 땅에는 '하나님의 통치'가 없었다고 짐작할 수 있다. 이스라엘은 오랫동안 하나님의 통치를 잃어버린 상태였다. 유대인들은 하나님의 통치가 회복됨으로써 자신들이 이방 제국의 압제와 수탈로부터 해방되기를 고대하고 있었다. 톰 라이트는 예수의 하나님 나라 선포를 연구함에 있어서 두 가지 항목을 강조한다. 첫째, 예수가 이스라엘 하나님의 "통치" 또는 "나라"를 말하였을 때, 그는 자신과 청중들이 너무도 잘 알고 있었던 이야기 줄거리 전체를 의도적으로 상기시키고 있었다는 것이다. 둘째, 예수는 이 친숙한 이야기를 그 통상적인 줄거리를 전복시키고 방향을 재정립하는 방식으로 다시 말하고 있었다는 것이다. 따라서 우리는 예수가 하나님 나라를 선포한 이유를 파악하기 위해 먼저 유대인들의 이야기인 구약성경의 줄거리를 이해해야 한다.[10]

톰 라이트는 1세기 유대인들이 공유하고 있던 이 줄거리가 표현에서는 서로 차이가 있지만, 세부적인 표현에서는 다음과 같은 핵심 내용을 공유한다고 말한다.[11]

1. 솔로몬이 세운 최초의 성전은 야웨가 거하기로 선택한 곳이었다. 야웨는 이전에 광야에 세워졌던 성막에서 자신의 영광을 나타내셨다. 이제 야웨는 솔로몬의 성전에서 자신의 영광을 나타내셨다.

2. 성전과 왕권은 서로 밀접하게 결합되어 있었다. 다윗이 자신의 통치를 확고히 한 후에 취했던 중요한 조치는 언약궤를 예루살렘으로 가져오고 성전을 세우기로 한 것이었다. 솔로몬이 성전을 세웠을 때 그는 그 이후의 모든 세대들(주후 1세기를 포함하여)에게 그대로 적용될 패턴을 확립하였다. 성전의 건축자는 참 왕이고 참 왕은 성전의 건축자다.

3. 성전의 상징성은 성전이 물리적 세계만이 아니라 온 우주의 중심

을 이루기 때문에 야웨가 거하시는 곳인 성전은 하늘과 땅이 만나는 지점이라는 신념을 표현하기 위한 것이었다.

4. 바벨론에 의한 성전의 파괴는 신학적으로나 정치적으로나 모든 차원에서 재앙이었다. 그것은 야웨가 성전을 버렸다는 관점에서만 설명될 수 있었다. 하나님의 영광은 떠나버렸다. 다윗 왕조는 버림 받았다. 하늘과 땅은 갈라졌기 때문에 예배는 더 이상 불가능해졌다.

5. 따라서 포로 생활에서 귀환에 대한 열망은 그 주요한 구성 요소로서 악의 패배, 성전의 재건, 참된 다윗 왕조의 재정립을 포함한 야웨께서 시온으로 돌아오심에 대한 열망을 포함하고 있었다. 장래에 대한 이러한 소망은 과거에 야웨가 행하신 권세 있는 행위들 특히 출애굽에 대한 이야기들을 반복해서 다시 말함으로써 유지되었다. 야웨가 광야에서 자기 백성과 함께하셨고 최초의 성전에 거하러 오셨던 것과 마찬가지로 야웨는 마침내 돌아오셔서 이스라엘 가운데 영원히 거하실 것이다.

위에서 소개한 톰 라이트의 진술은 1세기 유대인들이 가지고 있던 보편적인 세계관이다. 이 이야기 안에서 유대인들은 야웨께서 왕으로 오실 것을 기대하고 있었다. '왕의 귀환'은 곧 자신들의 포로 생활이 종료될 것을 의미했다. 이렇듯 1세기 유대인들은 하나님 나라가 곧 도래하고, 하나님의 통치도 곧 이루어질 것이라는 소망을 갖고 있었다. 1세기 유대인들에게 하나님 나라는 이스라엘에 대한 신원과 승리 모두를 의미했다. 그러므로 유대인들에게 예수가 선포한 "때가 찼다. 하나님의 나라가 가까이 왔다. 회개하여라. 복음을 믿어라"(막 1:15)라는 선포는 매우 의미심장한 것이었다. 그러나 이러한 선포에 이은 예수의 행동은 1세기 유대인들의 생각과는 아주 달랐다.

유대인들은 자신들을 로마의 통치에서 해방시켜줄 왕을 기대했지만, 예수는 그들을 전혀 새로운 방향으로 인도한다. 예수는 이스라엘이 곤경에 처한 근본적인 이유를 '로마의 지배'라고 보지 않았다. 오히려 이스라엘이 곤경에 처하게 된 근본적인 이유는 그들이 사탄의 지배를 받고 있었기 때문이라고 보았다. 그래서 예수는 왕이 되어 무력으로 그들을 해방시킨 것이 아니라, 대속물로서 스스로를 죽음에 내어줌으로써 이스라엘과 인류를 고통의 뿌리로부터 해방시켰다.

3) 하나님 나라는 언제 오는가?

> 때가 찼다. 하나님의 나라가 가까이 왔다(ἤγγικεν / 엥기켄, 현재완료). 회개하여라. 복음을 믿어라(막 1:15).

앞서 우리는 "하나님 나라가 가까이 왔다"는 예수의 선포에서 '하나님 나라'가 '하나님의 통치'를 의미한다는 점을 살펴보았다. 그렇다면 '하나님의 통치가 가까이 왔다'는 것은 그분의 통치가 이미 도래했다는 의미인가, 아니면 앞으로 도래할 것이라는 의미인가?

한국에서 '가까이'는 '아직 오지 않았다'는 뜻으로, 대상이 목적지에 근접했을 때 쓰이는 표현이다. 하지만 '가까이 왔다'를 뜻하는 그리스어 엥기켄(ἤγγικεν)은 현재완료형 동사다. 그리스어에서 현재완료는 동사의 시간을 표현하는 한 방식으로, 어떤 사건이나 동작이 과거부터 현재까지 영향을 미치며 미래로 진행될 가능성을 함께 포함하고 있다. 그러므로 그리스어 '가까이 왔다'는 이미 도달하였으나 완전히 성취된 것은 아니라는 의미가 된다.

따라서 하나님 나라가 '가까이 왔다'는 말은 하나님 나라가 이미 왔고, 현재 진행 중이며, 아직 완성되지는 않은 상태라는 뜻이다. 이처럼 예수의 "하나님 나라가 가까이 왔다"는 선포는 "너희가 기다리던 하나님의 통치가 이미 왔다"라는 선포로 볼 수 있다. 또한 누가복음 17:21의 "하나님 나라는 너희 안에 있느니라"와 같은 구절 역시 하나님 나라의 현재성을 말하고 있다. 반면 하나님의 통치가 미래에 완성될 하나님의 통치임을 공표하는 구절도 있다. 예수께서 가르쳐주신 주기도문에 등장하는 "나라가 임하게"(마 6:10)라는 간구가 대표적이다. 특히 예수는 아래의 비유를 통해 하나님 나라의 '성장'에 대해 이야기한다.

겨자씨의 비유(막 4:30-32)

누룩의 비유(마 13:33)

알곡과 가라지의 비유(마 13:24-30)

씨 뿌리는 자의 비유(막 4:19)

그렇다면 하나님 나라는 하나님의 미래적인 통치인가, 아니면 현재적인 통치인가? 정답은 둘 다이다. 하나님 나라는 예수가 소외된 자들을 영접하고 그들을 치료함으로써 이미 실현되고 있었다. '병자들의 치료' 라는 사건은 하나님 나라의 도래와 함께 이루어질 일이었기 때문이다.

> 두려워하는 사람을 격려하여라. "굳세어라. 두려워하지 말아라. 너희의 하나님께서 복수하러 오신다. 하나님께서 보복하러 오신다. 너희를 구원하여 주신다" 하고 말하여라. 그 때에 눈먼 사람의 눈이 밝아지고, 귀먹은 사람의 귀가 열릴 것이다. 그 때에 다리를 절던 사람이 사슴처럼 뛰고, 말을 못하던 혀가 노래를 부를 것이다. 광야에서 물이 솟겠고, 사막에 시냇물이 흐를 것이다(사 35:4-6).

하나님 나라에 대한 예수의 비유는 하나님 나라의 '성장'에 초점을 맞추고 있다. 하나님 나라가 성장해야 한다는 것은 아직 그 나라가 완성되지 않았음을 의미한다. 우리는 이러한 하나님 나라의 현재적 측면과 미래적 측면 모두를 진지하게 고려해야 한다. 바울은 빌립보서 3:12에서 "내가 이것을 **이미 얻은 것도 아니요, 또 이미 목표점에 이른 것도 아닙니다.** 그리스도 예수께서 나를 사로잡으셨으므로, 나는 그것을 붙들려고 좇아가고 있습니다"라고 고백하고 있다. 바울처럼 하나님 나라에 대해 균형 잡힌 시각을 갖는 것이 매우 중요하다. 만약 우리가 '현재'만 강조한다면 우리는 미래의 소망 없이 살아갈 것이다. 반대로 '미래'만 강조한다면 현재의 삶에서 하나님의 통치가 없을 것이다. 이러한 문제는 이미 1세기의 고린도 교회에서 나타난 문제이기도 하다.

여러분은 벌써 배가 불렀습니다. 여러분은 벌써 부자가 되었습니다. 여러분은 우리를 제쳐 놓고 왕이라도 된 듯이 다스리려 하였습니다. 여러분이 진정 왕처럼 다스렸으면 좋겠습니다. 그래서 우리도 여러분과 함께 왕처럼 다스리면 좋겠습니다(고전 4:8).

성경은 하나님 나라가 이미 왔지만 아직 완성되지는 않았다고 말하고 있다. 이런 상황에서 우리에게 필요한 것은 '이미'와 '아직' 사이에서의 건강한 균형과 긴장이다.

다. 영생이란 무엇인가?

마지막으로 복음의 목표 중 하나인 '영생'에 대해 알아보자. 우리는 평소 '영생'이라는 단어를 어떻게 이해하고 있는가? 대부분의 백과사전은 영생을 '영원한 삶' 또는 '영원한 생명'이라고 기술한다. 또 이를 일반적인 의미와 기독교적인 의미로 구별하는데, 기독교에서의 영생이란 '천국에서 영원히 사는 것'이라고 정의 내리고 있다.[12]

성경에서 복음의 목표로 '영생'이라는 개념을 사용하는 구절은 요한복음 3:16이다.

하나님이 세상을 이처럼 사랑하셔서 독생자를 주셨으니, 누구든지 그를 믿으면 멸망하지 않고 영생을 얻을 것이다(요 3:16).

예수를 믿으면 영생을 얻을 것이라는 표현은 오늘날의 복음 전도 메시지와 딱 들어맞는다. 그렇다면 예수도 우리에게 (천국에서의) 영원한 삶을 약속한 것일까? 또 1세기 유대인들도 예수의 말씀을 그렇게 받아들였을까?

성경적인 '영생'의 개념을 이해하기 위해서는 1세기 유대인들의 종말론을 이해해야 한다.

유대인들은 시간 개념을 나눌 때 '이 시대'와 '오는 세상'으로 구분했다. 그리고 오는 세상의 시작을 '주의 날', 즉 하나님의 통치가 시작되는 날이라고 생각하였다. 오랜 기간에 걸쳐 주변 강대국들의 지배를 받던 유대인들은 하나님의 통치가 온다는 것을 자연스럽게 그들 강대국과 '독립 전쟁'을 벌이는 것으로 받아들이기도 했다. 당시 유대인들에게 '오는 세상'은 국가 '이스라엘의 회복', 혹은 '에덴의 회복'이자 하나님의 통치가 임하는 세상이었다.

1) 1세기 유대인들의 영생에 대한 이해

1세기 유대인들에게 '영생'이란 유대인의 시대 구분에서 볼 때 장차 올

시대를 가리킨다.[13] 유대인들에게 현시대는 어둠이고 죽음이 지배하는 시대다.[14] 그러나 장차 도래할 시대는 낮(빛)이며 생명으로 가득한 시대다. 따라서 '오는 세상'은 단순히 시간적으로 영원한 것이 아닌 하나님의 영원한 통치를 의미한다. 하나님의 완벽한 통치가 넘쳐나던 곳이 에덴동산이고, 그곳에서 하나님의 통치를 받던 피조물들은 하나님의 풍성한 자원을 공급받았음을 떠올린다면, '오는 세상'의 의미를 보다 쉽게 이해할 수 있을 것이다. 오는 세상에서의 삶, 곧 영원한 하나님의 통치를 누리는 삶은 에덴동산에서와 같이 하나님의 신적 풍성함에 참여하는 삶을 의미한다. 그러므로 유대인들이 영생을 소망한다는 것은 하나님의 신적 통치가 가득한 세상을 기다리는 것이며, 그것은 하나님 나라의 도래와 같은 것이다. 예수와 그의 제자들도 동일한 생각을 했다. 요한복음 3:14-17을 보면 이 점이 확실히 드러난다.

14-15절	16절	17-18절
모세가 광야에서 뱀을 든 것과 같이, 인자도 들려야 한다.	하나님이 세상을 이처럼 사랑하셔서 독생자를 주셨으니	하나님이 아들을 세상에 보내신 것은
그것은 그를 믿는 사람마다	누구든지 그를 믿으면	아들을 믿는 사람은
영원한 생명을 얻게 하려고 하는 것이다.	멸망하지 않고 영생을 얻을 것이다.	세상을 심판하시려는 것이 아니라, 아들로 세상을 구원하시려는 것이다.

14-18절을 보면 '아들의 죽음', '아들을 믿음', '생명/영생/구원을 얻는다'의 구조로 진행된다. 여기서 요한은 생명, 영생, 구원을 동일한 개

넘으로 사용하고 있다. 이런 현상(영생과 생명을 동일한 개념으로 보는 것)
은 마태복음 19:16-17에도 나타난다.

> 그런데 한 사람이 다가와서 예수께 말하였다. "선생님, 내가 **영생**을 얻으려
> 면, 무슨 선한 일을 해야 합니까?" 예수께서 그에게 말씀하셨다. "어찌하여
> 너는 나에게, 선한 일을 묻느냐? 선한 분은 오직 한 분뿐이시다. 네가 **생명**
> 에 들어가고자 하거든, 계명들을 지켜라"(마 19:16-17).

위의 마태복음 진술과 마찬가지로 요한에게도 구원은 생명이자 영
생을 의미했다. 그리고 이 생명, 영생, 구원은 모두 하나님으로부터 주
어진다.

> 그 증언은 **하나님께서 우리에게 영원한 생명을 주셨다는 것**과, 그 생명이
> 그 아들 안에 있다는 것입니다(요일 5:11).

또 하나 놀라운 점은 공관복음과 요한복음 모두 '생명'을 '하나님 나
라'와 비슷한 의미로 사용하고 있다는 것이다.[15]

> 예수께서 그들에게 말씀하셨다. "내가 진정으로 너희에게 말한다. **하나님의**
> **나라를 위하여** 집이나 아내나 형제나 부모나 자식을 버린 사람은 이 세상
> 에서 여러 갑절로 보상을 받을 것이고, 또한 오는 세상에서 **영생을 받을 것**
> **이다**"(눅 18:29-30).

마가복음 9:43-47에서는 아예 '영생'과 '하나님 나라'를 동의어로 쓰고 있다.

네 손이 너를 죄짓게 하거든, 그것을 찍어 버려라. 네가 두 손을 가지고 지옥으로, 그 꺼지지 않는 불 속에 들어가는 것보다, 차라리 지체장애인으로 생명에 들어가는 것이 낫다. 네 발이 너를 죄짓게 하거든, 그것을 찍어 버려라. 네가 두 발을 가지고 지옥에 들어가는 것보다, 차라리 저는 발로 **생명에 들어가는 것**이 낫다. 또 네 눈이 너를 죄짓게 하거든, 그것을 빼어 버려라. 네가 두 눈을 가지고 지옥에 들어가는 것보다, 차라리 한 눈으로 **하나님의 나라에 들어가는 것**이 낫다(막 9:43-47).

2) 성경에서 말하는 '생명'의 의미

구약성경에서 '생명'은 철저히 하나님과의 관계로 설명된다.
구약성경에서 하나님은 생명의 주관자이자 근원으로 나타난다.

주께서 몸소 생명의 길을 나에게 보여 주시니, 주님을 모시고 사는 삶에 기쁨이 넘칩니다. 주께서 내 곁에 계시니, 이 큰 즐거움이 영원토록 이어질 것입니다(시 16:11).

주께는 생명 샘이 있습니다. 우리는 주의 빛을 받아 환히 열린 미래를 봅니다(시 36:9).

또한 인간은 하나님으로부터 생명을 받는다.

주 하나님이 땅의 흙으로 사람을 지으시고, 그의 코에 생명의 기운을 불어 넣으시니, 사람이 생명체가 되었다(창 2:7).

그러나 주께서 얼굴을 숨기시면 그들은 떨면서 두려워하고, 주께서 호흡을 거두어들이시면 그들은 죽어서 본래의 흙으로 돌아갑니다(시 104:29).

하나님께서 하늘을 창조하여 펴시고, 땅을 만드시고, 거기에 사는 온갖 것을 만드셨다. 땅 위에 사는 백성에게 생명을 주시고, 땅 위에 걸어 다니는 사람들에게 목숨을 주셨다. 주 하나님께서 이렇게 말씀하신다(사 42:5).

이와 같은 성경구절을 통해 우리는 하나님이 생명의 주관자로서 인간에게 생명을 주시고, 인간의 생명은 하나님께 달려 있음을 알 수 있다. 하나님이 생명의 근원인 땅이라면 인간은 그 땅에 뿌리를 내린 나무와 같다. 즉 성경에서 '생명'을 얻는다는 것은 하나님과의 관계가 형성되는 것이라고 볼 수 있다. 그리고 하나님과의 관계에서 얻어지는 생명은 그분께 순종함으로써 보존된다.

안식일은 너희에게 거룩한 날이므로, 너희는 안식일을 지켜야 한다. 그 날을 더럽히는 사람은 반드시 죽여야 한다. 그 날에 일을 하는 사람은, 누구든지 자기의 겨레로부터 제거될 것이다(출 31:14).

성경의 세계관에서 '생명'은 현대적인 의미와는 다르다. 성경에서의 생명은 하나님께서 주신 선물이자 하나님과의 바른 관계 속에서 얻어지는 것이다. 그러므로 예수를 통해 하나님과의 관계를 회복한 그리스도인은 '생명'을 얻은 자이며, 우리의 육체적인 죽음은 이 '생명'을 말살하지 못한다. 육신은 죽어도 예수를 통해 하나님과 맺은 관계는 영원하기 때문이다.[16]

공관복음과 요한복음에서 생명과 영생 그리고 하나님 나라를 동의어로 쓰는 것처럼, 성경에서는 생명을 관계와 같은 개념에서 바라보기도 한다.

3) 영생은 언제 소유하는가?

요한복음에서는 '하나님 나라'가 '영생'으로 대체된다. 이렇게 성경은 하나님 나라를 대부분 '생명'과 '영생'으로 표현하는 것을 알 수 있다. 그 이유는 '하나님 나라'보다 '생명'이란 개념이 좀 더 실제적이기 때문이다.[17] 이 점은 공관복음의 '생명'을 얻는 시점과 차이가 난다. 다음의 구절을 비교하면 더욱 쉽게 알 수 있다.

예수께서 그들에게 말씀하셨다. 내가 진정으로 너희에게 말한다. 하나님의 나라를 위하여 집이나 아내나 형제나 부모나 자식을 버린 사람은 이 세상에서 여러 갑절로 보상을 받을 것이고, 또한 오는 세상에서 **영생을 받을 것이다**(눅 18:29-30).	내가 진정으로 진정으로 너희에게 말한다. 믿는 사람에게는 **영생이 있다**(요 6:47).

위 성경구절을 통해 공관복음과 요한복음이 '영생을 소유하는 시점'의 측면에서 서로 차이를 보인다는 것을 알 수 있다. 누가복음의 저자는 성도가 영생을 소유하는 시점을 성도의 부활 때로 잡는 반면, 요한은 성도가 이미 영생을 누리고 있다고 말한다. 사실 이러한 차이는 앞서 하나님 나라의 개념에서 살펴보았듯이 '이미'와 '아직'의 범주에서 생각하면 이해가 쉽다. 영생은 '오는 시대', '하나님 나라(통치)의 도래', '하나님의 통치를 받는 시대'를 말하고 있다. 그렇다면 하나님 나라는 예수가 이 땅에 오심으로 시작되었으니, 하나님의 통치를 받고 있는 그리스도인들에게 영생은 이미 시작됐다고 볼 수 있다. 유대인들에게는 오직 미래의 사건으로 대망되던 것이 그리스도 안에서 현실화됨으로써 미래에 받을 축복이 현재적 사건이 된 것이다. 이렇듯 생명과 영생은 하나님과의 관계를 통해 주어진다.

영생은 오직 한 분이신 참 하나님을 알고 또 아버지께서 보내신 예수 그리스도를 아는 것입니다(요 17:3).

요한복음에서는 분명 영생이 현재의 경험을 포함하고 있다. 그 경험은 도래하고 있는 시대의 삶을 사는 것이고, 예수와 하나님을 아는 것이 다가올 시대의 삶에 참여하는 증거가 될 수 있다. 바울 역시 이러한 유대인들의 시대 개념으로 그리스도의 사역을 전하고 있다.

예수 그리스도께서는 하나님 우리 아버지의 뜻을 따라 우리를 이 악한 세대에서 건져 주시려고, 우리의 죄를 대속하기 위하여 자기 몸을 제물로 바치셨습니다(갈 1:4).

4) 요약

앞서 살펴본 내용을 정리하면 다음과 같다. '하나님 나라'는 구약과 신약에서 사용된 대부분의 용례에서 하나님의 '통치' 개념으로 사용되었다. 또한 '구원'은 '가족'의 개념으로 접근할 때 보다 쉽게 이해할 수 있음을 알았다. 곧 구원은 하나님(아버지)께서 자신의 가족을 보호하는 의무를 다하고 그들을 구출할 뿐만 아니라 자녀로 회복시키는 이야기까지 포함해야 함도 알게 되었다. 마지막으로 1세기 유대인들에게 '영생'은 막연히 시간적으로 영원한 삶을 사는 것이 아니라, '오는 시대 = 하나님 나라 = 영생'임을 살펴봄으로써 유대인들이 말하는 '영생'의 의미를 명확하게 살펴보았다.

위에서 살펴본 내용에 근거하여 말한다면 우리가 복음 전도에서 구원, 영생, 천국을 동일한 개념으로 사용하는 것은 옳다. 하지만 구원, 영생, 천국을 시간적이고 장소적 의미로 이해하는 것은 잘못된 것이다. 성경의 관점에서 구원은 단순히 '천국'에 가는 것이 아니라 철저하게 하나님과의 '관계'에 달려 있는 것이다. 우리가 구원과 복음을 이해하는 데 매우 중요한 개념이 바로 이 '관계성'이다. 성경의 저자들은 하나님과의 관계를 '언약'이라고 하는 은유를 통해 설명했다. 이제 '복음'의 중요한 그림 언어 중 하나인 '언약'에 대해 간략히 살펴보고 넘어가자.

─────── **NOTE** ───────

구원, 하나님 나라(천국), 영생에 대한 편협한 이해가 신앙에 미치는 영향과 대안

기독교 복음의 목표가 천국에 가는 것에만 초점이 맞추어지면 다음과 같은 문제가 발생한다.

1. 하나님이 창조하신 이 세계는 폐기된다. / 우리가 현재 살고 있는 지구에 대한 책임을 망각하게 된다.
2. 그리스도인의 윤리 부재 현상 / 믿음으로 천국 입장권을 예매하고 나면 현실 세상에서는 아무렇게나 살아도 된다고 생각한다.
3. 하나님 나라는 미래에 오는 것이다(내세 지향적인 신앙). / 천국에서 좋은 집과 왕관을 받기 위한 봉사에만 신경 쓴다.

4. 영생=(시간적으로)영원히 사는 삶 / 영원히 죽지 않고 사는 불멸의 삶에 대한 욕망

오늘날 한국교회가 성도들에게 올바른 '하나님 나라' 개념을 가르치지 못하고 있는 데서 수많은 문제들이 발생하고 있다. 가장 심각한 문제는 교회 안에 뿌리 깊게 자리한 이원론의 문제다. 한국의 상당수 그리스도인들은 일상의 삶과 예배를 드리는 주일의 삶을 분리시켜 하나님의 법과 뜻을 교회에서만 구현하려고 한다. 그리고 가령 회사에서 벌어지는 잘못된 비리와 관행 등은 (타락한) 세상의 당연한 질서로 간주하고 무감각하게 받아들이거나 심지어 그것을 조장하고 확산시키는 데 일조하기까지 한다. 생태계에 대한 그리스도인들의 잘못된 인식도 심각한 문제다. 어차피 죽어서 천국 가면 이 땅은 폐기될 테니 생태계가 망가지는 것은 아무래도 상관없다는 식이다. 또 영생에 대한 오해는 불멸의 삶에 대한 인간의 오래된 욕망을 탐닉하는 모습으로 나타난다. 이러한 문제들은 대부분 성경에 등장하는 (신학적) 개념을 현대 세계관의 틀 안에서 잘못 이해한 데서 비롯된다. 그리고 이런 오해와 인간의 탐욕이 만나 상승작용을 일으키면서 기독교 신앙이 그릇된 길로 빠지고 마는 것이다.

하지만 하나님은 창조 시에 자신이 만드신 것을 향하여 "보시기에 심히 좋았다"라고 말씀하셨다. 하나님이 보시기에 좋았다라고

말한 창조물을 인간의 손으로 함부로 폐기하는 것이 과연 옳은가? 하나님은 예수 그리스도를 통해 이 땅을 '폐기'하는 것이 아니라 새롭게 '회복'시키기로 하셨다. 따라서 그리스도인들은 삶의 전 영역에서 하나님의 창조 질서와 사물들을 원래의 목적과 자리로 회복시키는 일에 힘써야 한다.

예수가 이 땅에 오셔서 우리에게 선포한 '하나님 나라'는 하나님의 구원하시는 '통치'가 이미 왔으니, 삶 속에서 적극적으로 그 통치를 받으라는 것이었다. 참 신앙은 미래에 들어갈 천국을 막연히 기다리는 수동적인 삶을 사는 것이 아니다. 하나님의 현재적 통치를 믿는 그리스도인들은 현재의 삶에 소홀해선 안 된다. 하나님의 현재적 통치가 자신의 현재의 삶에 최대한 많이 그리고 온전히 구현되도록 노력해야 한다.

라. 구원을 이해하기 위한 열쇠로서의 언약

성경에서는 하나님과의 관계를 '언약'의 은유를 통해 설명한다. '언약'(berith)은 인격 당사자 상호 간에 공적 관계를 법적으로 형성하는 것을 의미한다.[18] 성경에서 언약은 하나님은 이스라엘의 하나님이 되고, 이스라엘은 하나님의 백성이 되는 것이다. 하나님의 주도로 세워진 이 언약 관계는 하나님이 제시한 계약에 그분의 백성이 복종할 때 더욱 친밀한 관계를 유지하면서 발전한다. 하나님의 선택은 이스라엘의 공로와 업적에 기인한 것이 아닌 그분의 주권에 의한 것이며, 선택받은 이스라엘 백성은 자신들을 은혜로 구원해주신 하나님께 순종해야만 한다 (신 7:6-8; 9:4-6). 신명기에 기술된 하나님의 이스라엘에 대한 선택은 상호 헌신의 필요성을 가져온다. 이스라엘의 역사는 하나님과 이스라엘의 관계, 곧 언약 관계를 중심으로 진행된다. 땅의 소유에 대한 약속과 성취도 하나님의 명령에 대한 이스라엘의 순종 가운데 이루어지며(신 1:19-21), 땅 소유의 실패는 믿음과 순종의 실패로 인한 것이다(신 1:26). 이것은 이스라엘 백성이 하나님 앞에서 언약적 신실함을 지키며 살아야 함을 보여준다. 성경의 저자들은 하나님과 이스라엘의 언약 관계를 '신랑과 신부', '포도나무와 가지', '아버지와 아들', '왕과 백성' 등의 은유를 통해 묘사하면서 상호 간의 언약적 책임에 대해 강조하고 있다.

1) 예수는 포도나무와 가지 비유를 통해 언약(관계)을 설명한다

〈요한복음 15:1-11〉

1 나는 참 포도나무요, 내 아버지는 농부이시다.

2 내게 붙어 있으면서 열매를 맺지 못하는 가지는, 아버지께서 다 찍어 버리시고, 열매를 맺는 가지는 열매를 더 많이 맺게 하려고 손질하신다.

3 너희는, 내가 너희에게 말한 그 말로 말미암아 이미 깨끗하게 되었다.

4 언제나 내 안에 머물러 있어라. 그러면 나도 너희 안에 머물러 있겠다. 가지가 포도나무에 붙어 있지 않으면, 스스로 열매를 맺을 수 없

는 것과 같이, 너희도 내 안에 머물러 있지 않으면, 열매를 맺을 수 없다.

5 나는 포도나무요, 너희는 가지다. 사람이 내 안에 머물러 있고, 내가 그 사람 안에 머물러 있으면, 그는 많은 열매를 맺는다. 너희는 나를 떠나서는 아무것도 할 수 없다.

6 사람이 내 안에 머물러 있지 않으면, 그는 쓸모 없는 가지처럼, 버림을 받아서 말라 버린다. 사람들이 그것을 모아다가, 불에 던져서 태워 버린다.

7 너희가 내 안에 머물러 있고 나의 말이 너희 안에 머물러 있으면, 너희가 무엇을 구하든지 다 그대로 이루어질 것이다.

8 너희가 열매를 많이 맺어서 나의 제자가 되면, 이것으로 나의 아버지께서 영광을 받으실 것이다.

9 아버지께서 나를 사랑하신 것과 같이, 나도 너희를 사랑하였다. 너희는 내 사랑 안에 머물러 있어라.

10 너희가 나의 계명을 지키면, 나의 사랑 안에 머물러 있을 것이다. 그것은 마치 내가 나의 아버지의 계명을 지켜서 그 사랑 안에 머물러 있는 것과 같다.

11 내가 너희에게 이러한 말을 한 것은, 나의 기쁨이 너희 안에 있게 하고, 또 너희의 기쁨이 넘치게 하려는 것이다.

구약에서 포도밭, 포도나무는 하나님의 언약 백성으로서의 이스라엘에 대한 상징으로 자주 쓰인다. 예수께서 말씀하신 포도나무와 관련된 비유는 하나님과 이스라엘의 언약 관계를 연상케 한다. 요한복음 15장의 '안에서'라는 용어가 바로 그 증거다. '안에서'는 구약의 언약을 상기시킨다.[19] 15장은 그리스도는 포도나무이고, 그리스도와 믿음으로 연합한 우리는 포도나무에 붙은 가지임을 보여주며 언약적 그림을 설명한다. 포도나무 가지가 열매를 맺기 위해서는 뿌리에서 수분과 양분을 공급받아야 하듯이, 그리스도의 죽음과 부활로 창조된 하나님의 새로운 백성은 계속해서 그리스도 안에 거해야 한다.[20] 이렇게 예수는 '언약'을 제자들에게 익숙한 그림인 포도나무 비유를 통해 보여주고 있다. 앞서 가족의 그림을 통해 '구원'이 설명된 것처럼, 여기서 예수는 포도나무 비유를 통해 관계적 관점에서 구원을 설명하고 있다.

2) 언약을 이해해야 그리스도인의 정체성을 파악할 수 있다

구약에서 언약과 율법은 하나의 짝을 이룬다. 공적인 (언약)관계가 형성되면 이를 유지하기 위한 법적 효력이 발생한다. 이것이 율법의 가치이자 기능이다. 하나님께서는 이스라엘과 언약을 맺고 그들에게 율법을 주심으로써 그들이 언약 백성으로 살아갈 수 있게 하셨다. 또한 율법은 이스라엘을 하나님 백성으로 규정하는 핵심 요소다. 율법은 이스라엘 백성의 삶의 규범이자 그들의 정체성을 규정하는 중심 요소다. 마치 혼인한 부부가 결혼을 통해 공적인 관계를 맺음으로써 서로 간에 지켜야 할 의무(법)를 지게 되는 것처럼 말이다. 한 남자가 결혼 관계 안에서 자신의 여인에게 의무를 다하고 있다면 그것은 남편으로서의 자신의

정체성을 잘 나타내고 있는 것이다. 요한복음 15장은 포도나무 비유를 통해 예수와 제자들 간의 언약 관계를 설명한다. 그렇다면 이 비유에서 나타나는 그리스도 안에 거하는 방법은 무엇인가? "너희가 나의 계명을 지키면, 나의 사랑 안에 머물러 있을 것이다"(10절). 이렇게 예수는 제자들에게 구약의 방식 그대로 언약과 계명을 설명하고 있다.

또한 요한복음 14:14에서는 계명을 지키는 것이 예수를 사랑하는 참 제자인지 아닌지를 구별하는 방법임을 보여준다.

너희가 나를 사랑하면, 내 계명을 지킬 것이다(요 14:15).

마찬가지로 요한복음 15:8에서는 계명을 지켜서 언약 안에 거하게 되면 그는 열매를 맺게 되고, 그가 맺은 열매로 제자인지 아닌지를 구별한다고 말하고 있다.

너희가 열매를 많이 맺어서 나의 제자가 되면…(요 15:8).

이러한 점은 우리에게 계명을 지키는 일(하나님의 뜻에 순종하는 것) 또한 '관계'적인 차원에서 이해되어야 함을 보여준다.

지금까지 살펴본 내용을 정리해보자. 하나님의 구원의 원대한 계획이란 하나님이 창조하셨으나 사탄에게 찬탈당했던 하나님의 창조 세계에 대한 주권, 곧 하나님 나라를 회복하는 것이다. 영생은 그 하나님 나라가 (이미) 도래한 시대를 이야기한다. 구원은 사탄의 통치를 받던 인류가 다시 하나님의 통치로 돌아오는 것, 혹은 아버지가 빼앗긴 자녀를 구출해 다시 자녀로 회복시키는 것이라고 볼 수 있다.

곧 구원이란 하나님과 인류의 관계 회복을 통해 하나님 나라의 회복이라는 하나님의 원대한 계획을 이루는 것이다.

지금까지 복음의 목표인 '구원', '하나님 나라', '영생'에 대해 살펴보았다. 이제 우리에게 구원, 하나님 나라, 영생을 가져다주는 좋은 소식이 무엇인지에 대해서 알아보도록 하자. 이를 위해 먼저 마가복음에 나타난 복음과 사도행전의 복음 설교를 통해 복음을 정의하고, 이어서 바울이 전한 복음의 내용을 살펴볼 것이다. 그리고 예수가 전한 복음과 그 복음을 세상에 알린 사도들의 복음을 정리함으로써 우리가 전해야 할 복음의 메시지에 어떠한 내용이 들어가야 할지에 대해 정리할 것이다.

2_ 복음이란 무엇인가?

- 복음에 대한 정의

- 바울이 전한 복음

가. 복음에 대한 정의

'복음'이란 '좋은 소식에 대해서 상을 줌'이라는 뜻이다. 이로부터 오늘날 복음은 '좋은 소식'이라는 의미가 되었다. 이사야 40:9에서는 "아름다운 소식을 전하는 자"에게 유다 성읍들을 향하여 "너희의 하나님을 보라"고 선포하라 명령한다. 이사야 52:7에서는 "좋은 소식을 전하며 평화를 공포하며 복된 좋은 소식을 가져오며 구원을 공포하며 시온을 향하여 이르기를 내 하나님이 통치하신다 하는 자"라고 부른다. 또한 이사야 60:6에서는 "여호와의 구원의 좋은 소식"을 전하는 모습을 그린다(사 40:9; 52:7; 61:1; 시 96:2 등에 사용된 '전하다'라는 동사는 '하나님의 구원의 소식을 선포한다'는 뜻을 갖고 있다).[21] 유대 세계에서 '복음'이란 바벨론이 패배하고, 이스라엘의 포로 상태가 종식되었으며, 야웨가 시온으로 친히 돌아오신다는 좋은 소식을 예루살렘에 전한다는 표현으로 쓰인다. 예수는 특별히 이사야 61:1-2을 인용하여 자신의 사명을 표현하고 있다.[22]

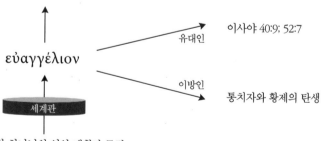

"구약 예언의 성취로서 이스라엘의 기름 부은 왕이자
온 세상의 주이신 메시아가 왕으로 등극했다는 하나님의 선언"[23]

유대인 → 이사야 40:9; 52:7

εὐαγγέλιον

이방인 → 통치자와 황제의 탄생

세계관

유일하신 참 하나님의 언약 계획과 목적

주께서 나에게 기름을 부으시니, 주 하나님의 영이 나에게 임하셨다. 주께서 나를 보내셔서, 가난한 사람들에게 기쁜 소식을 전하고, 상한 마음을 싸매어 주고, 포로에게 자유를 선포하고, 갇힌 사람에게 석방을 선언하고, 주의 은혜의 해와 우리 하나님의 보복의 날을 선언하고, 모든 슬퍼하는 사람들을 위로하게 하셨다(사 61:1-2).

눈먼 사람이 보고, 저는 사람이 걷고, 나병 환자가 깨끗해지고, 귀먹은 사람이 듣고, 죽은 사람이 살아나고, 가난한 사람이 복음을 듣는다(마 11:5).

또한 신약성경에서 이 말은 특별히 예수 그리스도를 통해서 이루어진 하나님의 구원과 예수에 관한 선포를 가리키는 말이었다. 바울은 그 단어를 지중해 주변 세계를 순회하며 자신이 선포했던 메시지 혹은 소식을 전하는 데 사용했다. 그리고 바울의 편지를 받은 이방인의 세계에서 이 단어는 통치자나 황제의 탄생일 혹은 즉위 선언을 가리키는 말이었다.[24]

1) 복음서에서 말하는 복음

① 마가복음에 나타난 복음 / 예수는 누구인가?

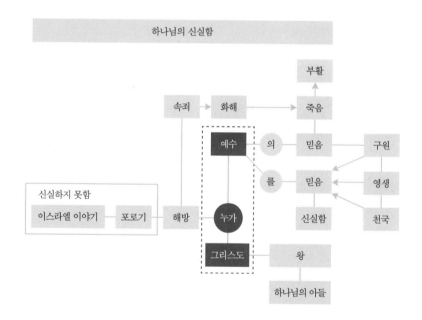

공관복음 중 마가복음을 선택한 이유는 크게 두 가지다. 첫째, 대부분의 학자들이 마가복음을 최초의 복음서라고 말하고 있기 때문이다. 둘째, 마가복음 661절 중 무려 601절을 마태복음과 누가복음이 반복하고 있기 때문이다. 마태복음은 마가복음 내용의 약 90%를, 누가복음은 50% 이상을 담고 있다. 마가복음 88 단락(pericopae units) 중 마태·누가복음에 없는 것은 서너 단락 밖에 안 된다. 이렇듯 마가복음의 중심 주제는 마태복음과 누가복음에도 거의 다 반영되어 있다고 할 수 있다.

실제로 대다수 신약학자들은 마가복음이 마태복음과 누가복음에 지대한 영향을 끼친 사실에 동의하고 있다. 그러므로 공관복음서 중 다른 복음서에 가장 많은 영향을 끼친 마가복음을 통해 '복음'의 의미에 대해 살펴보고자 한다.

여기서 우리는 대다수 학자들의 견해에 따라 마가복음을 크게 두 부분으로 나누어 관찰하려고 한다. 첫 번째는 예수의 강력한 사역, 특히 제자들을 모으시고 권능 있는 일들로 군중들을 놀라게 하시는 부분이다. 두 번째는 가이사랴 빌립보로 가는 길에서 베드로가 예수를 그리스도로 고백한 후(8:27-30), 갑자기 다가올 고난과 죽음에 대해 가르치시는 부분과, 십자가 처형 그리고 부활까지의 이야기가 펼쳐지는 부분이다.

이러한 마가복음의 전체 이야기 흐름을 도식화하면 다음 그림과 같다.

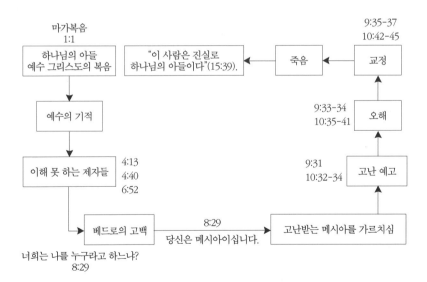

마가복음의 이야기는 "하나님의 아들 예수 그리스도의 복음의 시작"(막 1:1)이라는 표제와 함께 예수의 정체를 선포함으로써 시작된다. 예수의 정체는 바로 하나님의 아들이자 그리스도다. 이 이야기는 예수의 세례를 지나 그의 비유를 이해하지 못하는 제자들(4:11), 두려워하며 믿음이 없는 제자들(4:40), 오병이어의 기적을 통해 무리를 먹인 것이 뜻하는 바를 깨닫지 못하는 제자들(6:52)과 같이 '제자들의 깨닫지 못함'의 패턴이 계속되는 것으로 이어진다(8:14-21).

8:22-26에는 예수가 맹인을 치유하는 이야기가 나온다. 그러나 이 치유 사건은 일반적이지가 않다. 예수의 첫 번째 안수 후 맹인은 완전히 치유되지 않은 것처럼 보인다. 그는 "나무 같은 것들이 걸어가는 것"을 보았다(24절). 그러나 두 번째 안수 후 비로소 맹인은 밝은 세상을 보게 된다. 예수의 치유 사역에 행여 실수라도 일어난 것일까? 이 비밀스러운 이야기에 대한 설명은 잠시 미루고, 다음으로 넘어가자.

다음 이야기에서 예수는 "사람들이 나를 누구라 하느냐"(27절)고 물으시고, 이에 베드로는 "주는 그리스도시니이다"(29절, 개역개정판)라고 대답한다. 베드로의 대답은 다른 복음서에도 동일하게 나타난 매우 중요한 고백이다. 그는 예수의 정체를 정확히 고백했다. 그러나 곧이어 예수께서 자신의 고난받음, 죽음, 부활에 대해 가르치시자, 베드로는 그를 붙들고 항변한다(32절). 베드로는 예수를 그리스도라고 고백했으나, 그가 어떤 그리스도인지는 몰랐던 것이다. 그런 베드로에게 예수는 호통을 치셨다.

그러나 이런 베드로의 반응은 어쩌면 당연한 것이었을지도 모른다.

1세기 유대인들은 로마가 통치하는 당시 팔레스타인의 상황을 바벨론 시절과 같은 포로기의 연속으로 여겼다. 그래서 그들은 자신들이 기다리는 구원자가 정치적·군사적 구원을 가져다주리라고 기대하고 있었던 것이다.

이제 잠시 미뤄놓은 이야기로 돌아가자. 예수가 맹인을 치료하는 사건에는 마치 베드로를 비롯한 제자들의 모습이 투영된 듯하다. 제자들은 완전히 치유되지 않은 맹인처럼 아직은 시야가 뿌연 상태다. 예수에 대해 옳은 고백을 했음에도 그분을 제대로 이해하지 못하는 제자들의 모습을, 예수는 맹인 치료 사건을 통해 에둘러 보여주시는 것이다.

8장에 등장하는 "사람들이 나를 누구라 하느냐"라는 예수의 물음은, 그 물음 전과 후의 사건을 나누는 중요한 기점이 된다. 8장을 기준으로 앞부분이 치유와 기적, 체험으로만 이해된 '반쪽짜리 예수'에 대한 것이었다면, "주는 그리스도시니이다"라는 베드로의 고백 이후에는 진정한 그리스도에 대한 가르침이 시작된다. 예수는 자신의 고난을 예고하시고(9:31; 10:32-34), 제자들은 오해를 반복하며(9:33-34; 10:35-41), 예수가 다시 그 오해를 교정하시고(9:35-37; 10:42-45), 마지막으로 예수가 죽임을 당하심으로 이야기는 절정을 맞이한다. 아이러니한 것은 '예수의 정체성'이 예수를 바라보며 서 있었던 로마의 군대 지휘관인 백부장의 고백을 통해 밝혀진다는 점이다. 백부장은 십자가 앞에서 이렇게 말했다. "참으로 이분은 하나님의 아들이셨다"(15:39). 이렇게 예수의 정체는 그의 죽음 이후에야 정확히 밝혀졌다.

그리스도(메시아)의 의미

베드로는 예수가 그리스도라고 고백한다. 여기서 '그리스도'라는 명칭은 히브리어 '메시아'의 그리스어 번역이다. '메시아'는 히브리어 성경에 38번 나오는데, 이는 '기름 부음을 받은 자'란 뜻이다. 기름 부음을 받는 자는 제사장과 왕을 의미한다(대부분 왕을 뜻한다). 따라서 마가복음에 나오는 예수의 정체성인 '그리스도'는 유대교가 오랫동안 소망하던 회복을 가져다줄 '메시아 같은 사람', '왕'이었음을 알 수 있다.

1세기 유대교의 그리스도(메시아)에 대한 다양한 기대

1세기 유대인들은 하나님이 이스라엘을 구원할 자신의 대리자로 그리스도(메시아)를 보내실 거라는 공통된 기대를 했다. 그리고 베드로처럼 그리스도(메시아)가 유대인을 로마로부터 해방시킬 군사적 지도자일 거라고 생각했다. 또한 그리스도(메시아)는 정결한 예배를 회복해줄 제사장적인 인물로 생각되기도 했다. 다른 한편으로 바리새인들은 '토라'를 참되게 해석해줄 율법적인 그리스도(메시아)를 기대했다.

② 마가복음의 이야기 전개는 우리에게 무엇을 말하는가?

독특한 구조로 전개되는 마가복음이 1세기의 독자들에게, 그리고 현재의 우리들에게 말하고자 하는 것은 무엇인가? 바로 예수가 하나님의 아들이자 그리스도라는 '복음'이다. 그러나 이것만으로는 부족하다. 우리는 예수가 그리스도라는 사실을 넘어 그가 어떤 그리스도인지를 명확히 알아야 한다. 마가는 예수의 일생과 제자들의 삶 속에 나타난 예수의 영광, 그리고 십자가의 중심성이라는 핵심적 진리의 균형을 자신의 복음을 통해 독자들에게 선포하고 있다. 이것이 마가복음이 말하는 '복음'이다.

우리는 또한 예수를 향해 '그리스도'라고 고백한 베드로의 증언을 통해 1세기 유대인들의 삶과 '소망'을 유추해볼 수 있다. 1세기 유대인들은 로마의 통치 아래 있는 자신들을 해방시키고 정치적 독립을 가져다줄 그리스도(그리스도에 대한 이미지는 나뉘었겠지만)와 그의 제자들을 모두 소망했다. 이러한 점은 우리에게 '복음'에 대한 이해와 그 '복음'이 오기까지의 그들의 소망과 관련된 이야기가 매우 중요함을 알려준다. 그렇다면 이제 우리는 그들이 기다리고 있던 '소망'의 이야기를 예수의 제자인 사도들이 전한 복음의 기저에 놓여 있는 이야기를 통해 알아보도록 하자.

2) 사도행전에 나타난 복음 설교

사도행전에 나타난 복음 설교는 초기 기독교 복음 설교의 기본 형식에 관한 매우 중요한 자료를 제공한다. 또한 이 기본적인 형식은 사도 바울의 것과 완전히 동일하지는 않지만 유사한 형식을 취하고 있다. 신약성경에 나타난 복음 설교의 형식을 구조화하면 다음과 같다.[25]

A. 이러한 사건들은 성경에 미리 예언되어 있다.

B. 예수는 구약성경의 원형과 연결된다.

  B1. 다윗의 후손

  B2. 모세와 같은 선지자

C. 선구자로서 세례 요한

D. 예수의 사역

E. 예수께서 죽으셨다.

  E1. 우리를 위해

  E2. 성경대로

F. 예수는 장사되셨다.

G. 예수는 삼 일 만에 부활하셨다.

  G1. 성경대로

H. 예수는 제자들에게 나타나셨으며 그들은 '증인'이 된다.

I. 하나님은 예수를 높이 드셨다.

J. 예수는 이 새로운 지위에서 믿는 자들을 도우신다.

K. 예수는 심판자로 다시 돌아오실 것이다.

① 사도행전에 나타난 6편의 복음 설교에는 어떤 주제가 담겨 있을까?

행 2:22-36	A	이러한 사건들은 성경에 미리 예언되어 있다.
	B1	다윗의 후손
	E	예수께서 죽으셨다.

	G	예수는 삼 일 만에 부활하셨다.
	H	예수는 제자들에게 나타나셨으며 그들은 '증인'이 된다.
	I	하나님은 예수를 높이 드셨다.
행 3:13-26	A	이러한 사건들은 성경에 미리 예언되어 있다.
	B2	모세와 같은 선지자
	E/E1	예수께서 죽으셨다. / 우리를 위해
	G	예수는 삼 일 만에 부활하셨다.
	H	예수는 제자들에게 나타나셨으며 그들은 '증인'이 된다.
	I	하나님은 예수를 높이 드셨다.
행 10:37-41	C	선구자로서 세례 요한
	D	예수의 사역
	E	예수께서 죽으셨다.
	G	예수는 삼 일 만에 부활하셨다.
	H	예수는 제자들에게 나타나셨으며 그들은 '증인'이 된다.
	K	예수는 심판자로 다시 돌아오실 것이다.
행 13:26-31	A	이러한 사건들은 성경에 미리 예언되어 있다.
	B1	다윗의 후손
	C	선구자로서 세례 요한
	E	예수께서 죽으셨다.
	F	예수는 장사되셨다.
	G	예수는 삼 일 만에 부활하셨다.
	H	예수는 제자들에게 나타나셨으며 그들은 '증인'이 된다.
행 4:10-11	E	예수께서 죽으셨다.

	G	예수는 삼 일 만에 부활하셨다.
행 5:30-32	E	예수께서 죽으셨다.
	G	예수는 삼 일 만에 부활하셨다.
	H	예수는 제자들에게 나타나셨으며 그들은 '증인'이 된다.
	I	하나님은 예수를 높이 드셨다.

A=3회 B=3회 C=2회 D=1회 E=6회 F=1회 G=6회 H=5회 I=3회

위의 표를 보면 사도행전에 등장하는 복음 설교의 핵심은 E(예수의 죽음)와 G(부활)임을 알 수 있다. 그리고 그 뒤를 H(예수는 제자들에게 나타나셨으며 그들은 '증인'이 된다)가 잇고 있다. 따라서 복음의 주요 주제는 예수의 죽음과 부활, 그리고 예수를 목격한 증인들의 이야기다. 그러므로 현재 한국교회에서 전하는 '예수의 죽음과 부활'에 관련된 복음 제시는 사도행전의 복음에 가깝다고 할 수 있다. 하지만 그 결과 예수의 왕 되심에 대한 선포, 즉 '왜 하나님은 예수를 통치자로 이 땅에 보내셨는가?'에 대한 이야기는 생략된 채 복음이 전해지고 있다. 복음에서 예수의 왕 되심의 주제가 빠지면 자연스럽게 우리의 순종에 대한 주제에도 영향을 미치게 된다.

② 현대 교회의 복음 전도의 주요 내용

현재 한국교회가 주로 전하는 복음 제시의 형식은 다음과 같다.

A. 당신은 천국에 갈 수 있는가?

B. 당신이 천국에 갈 수 없는 이유

C. 당신은 죄의 문제에 빠져 있다.

D. 원죄 이야기

E. 하나님과의 관계 단절이 초래한 치명적 결과

F. 예수의 죽음(십자가)의 효과를 통한 죄의 문제 해결과 하나님과의
   관계 문제 해결

G. 어떻게 당신은 죄의 문제를 해결할 수 있는가?(예수의 공로, 하나님
   의 은혜)

H. 당신의 노력을 의지하는 대신 하나님의 은혜의 선물인 예수의 죽
   음과 부활을 믿기로 결단할 것을 요구

I. 믿음을 통해 당신의 죄 문제가 해결되고 천국에 갈 수 있다.

현대 복음 제시의 목적은 오로지 '천국 입장'에 있다. 그리하여 믿음
의 이유도 천국 가기 위한 것이며, 복음 제시도 천국 가기 위한 제안일
뿐이다. 이러한 복음 제시에서는 마가복음에서 보여주는, 예수가 우리
의 주님이시며 그리스도라는 사실, 그분이 우리의 왕이 되신다는 사실
을 찾아볼 수가 없다. 예수가 사탄의 통치에서 우리를 구원한 왕이 되신
다는 스토리 또한 없다. 구약의 이야기는 단지 우리 죄의 기원에 대해
설명할 뿐이다. 이러한 선포는 1세기 복음 전도자들이 전했던 형식과는
큰 차이가 있다. 사도행전에 나타난 복음 전도 형식을 기반으로 1세기
복음 전도자들의 복음 전도의 전개 방식을 도식화하면 다음과 같다.

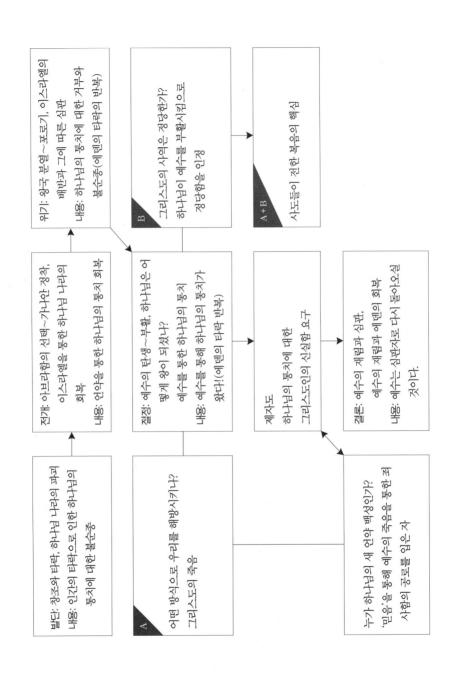

별단: 창조와 타락, 하나님 나라의 파괴
내용: 인간의 타락으로 인한 하나님의 통치에 대한 불순종

전개: 아브라함의 선택~가나안 정착, 이스라엘을 통한 하나님 나라의 회복
내용: 언약을 통한 하나님의 통치 회복

위기: 왕국 분열~포로기, 이스라엘의 배반과 그에 따른 심판
내용: 하나님의 통치에 대한 거부와 불순종 (에덴의 타락이 반복)

절정: 예수의 탄생~부활, 하나님은 어떻게 왕이 되셨나?
예수를 통한 하나님의 통치
내용: 예수를 통해 하나님의 통치가 왔다!(에덴의 타락이 반복)

A
어떤 방식으로 우리를 해방시키나?
그리스도의 죽음

B
그리스도의 사역은 정당한가?
하나님이 예수를 부활시킴으로 정당함을 인정

제자도
하나님의 통치에 대한
그리스도인의 신실함 요구

A+B
사도들이 전한 복음의 핵심

누가 하나님의 새 언약 백성인가?
'믿음'을 통해 예수의 죽음을 통한 죄사함의 공로를 입은 자

결론: 예수의 재림과 심판, 예수의 재림과 에덴의 회복
내용: 예수는 심판자로 다시 들어오실 것이다.

나. 바울이 전한 복음

1) 바울의 복음 이해 과정

앞에서 살펴본 것처럼 마가복음 저자는 '복음'이란 예수가 하나님의 아들이고 메시아(그리스도)라는 사실이라고 전한다. 그리고 그 메시아는 십자가를 통해 우리를 구원할 분이시라고 선포한다. 이렇게 마가복음 저자는 '예수가 곧 복음'이라고 전하고 있다. 그리고 이것은 '복음'이 1세기 유대인들의 삶의 자리인 포로기의 상황에서 이해되었다는 사실을 말해준다.

이제 예수가 선포한 복음이 바울이라는 인물의 삶에서 어떻게 이해되었는지 알아보자. 바울이 선포한 복음을 이해하기 위해서는 먼저 그의 삶의 자리를 살펴봐야 한다. 바울이 어떤 시대를 살았고 그의 세계관이 무엇이었는지에 대해 아는 것은 바울이 선포한 복음을 이해하는 데 중요한 단서가 된다. 아래의 그림은 바울의 시대적 배경과 그의 세계관을 정리한 것이다.

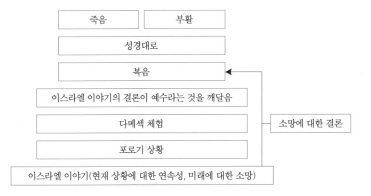

2) 바울의 세계관 형성 배경

① 열성으로는 교회를 박해한 자였다

초기 그리스도인들은 예수의 가르침에 따라 예수의 죽음이 우연히 발생한 죽음이 아닌 이스라엘의 기대와 소망의 절정이라고 보았다. 그리고 성경말씀을 가지고 예수의 고난과 죽음을 논증했다. 하지만 예수의 죽음 방식은 수용할 수 없었다. 자신들이 기대하던 메시아치고는 너무도 무기력한 죽음을 맞이했기 때문이다. 따라서 메시아의 죽음에 열을 올리던 그리스도인들의 모습은 어리석어 보였다(고전 1:18). 또 당시에는 십자가의 죽음이 저주받은 죽음이라는 인식이 만연했다. 유대인들은 신명기 21:23의 말씀 "그러나 너희는 그 주검을 나무에 매달아 둔 채로 밤을 지내지 말고, 그 날로 묻어라. 나무에 달린 사람은 하나님께 저주를 받은 사람이기 때문이다. 너희는 주 너희의 하나님이 너희에게 유산으로 준 땅을 더럽혀서는 안 된다"에 근거하여 십자가에 달려 죽은 (저주받아 죽은) 예수를 결코 메시아로 인정할 수 없었다. 이와 관련해 F. F. 브루스는 다음과 같이 말한다.

> 나사렛 예수가 그의 제자들의 주장처럼 이스라엘이 기다리던 그 메시아일 수 있다는 것은 말도 되지 않는 것이었다.…결론적으로 예수는 십자가에 못 박혀 죽었는데 십자가에 못 박혀 죽은 메시아란 언어상의 모순이었다.…그런 생각 자체가 엄청난 모독이었던 것이다. 그의 추종자들이 예수가 죽은 자 가운데서 살아 나와서 자기들에게 나타났다는 주장을 하며 자

기들의 논리를 뒷받침하고 있는 상황은 도저히 재고의 여지가 없었다. 이런 주장을 한다는 것은 그들이 사기꾼이든가, 아니면 스스로 속임을 당하는 자들이거나 둘 중 하나일 수밖에 없었다. 왜냐하면 예수가 메시아라고 아무리 주장해보아도 십자가에 달린 사람은 절대로 하나님의 택한 자일 수가 없다는 그 반대편의 움직일 수 없는 확실한 증거를 뒤집을 수가 없었기 때문이었다.[26]

예수의 죽음 방식은 그의 제자들에게조차 받아들여지기 어려운 문제였다. 하물며 다른 사람들은 두말할 나위가 없었다. 예수를 메시아로 인정하지 못하는 모습은 1세기 유대인이었던 바울에게서 가장 분명하게 나타난다. 그는 열성적으로 예수의 사람들을 핍박하고 탄압했다. 그렇다면 바울은 단지 그리스도인들이 십자가에 달려 죽은 예수를 메시아로 믿은 것에 분개하여 교회를 핍박했을까? 그럴 가능성이 있지만 그것만으로는 충분한 이유가 되진 못한다. 사실상 바울이 교회를 핍박한 결정적인 이유는 바로 1세기 그리스도인들이 예수를 하나님과 동일시하고, 경배의 대상으로 삼았기 때문이다.

대부분의 학자들이 초기 기독교의 고백이라고 인정하는 빌립보서의 그리스도 찬송시에는 이런 구절이 나온다. "모두가 예수 그리스도는 주님이시라고 고백하게 하셔서, 하나님 아버지께 영광을 돌리게 하셨습니다"(빌 2:11). 예수를 주(퀴리오스=하나님의 호칭)라고 지칭하는 그리스도 찬송시를 통해 우리는 초기 그리스도인들이 처음부터 예수를 하나님으로 고백했음을 알 수 있다. 그러나 이는 철저한 유일신론자들이었던 유대인들로서는 받아들일 수 없는 일이었다. 1세기 팔레스타인의 유대교 분파는 매우 다양했지만, 그 어떤 분파도 (인간) 메시아가 하나님과 동등한 위치에 있다거나, 메시아를 예배한다는 관념을 갖고 있지는 않았기 때문이다. 따라서 1세기 유대인이자 정통 바리새파였던 바울은 당연히 이러한 현상에 분개했던 것이다. 훗날 그는 자신의 과거를 돌아보며 이렇게 고백한다.

> 나는 난 지 여드레 만에 할례를 받았고, 이스라엘 민족 가운데서도 베냐민 지파요, 히브리 사람 가운데서도 히브리 사람이요, 율법으로는 바리새파 사람이요, 열성으로는 교회를 박해하였고, 율법의 의로는 흠 잡힐 데가 없습니다(빌 3:5-6).

② 히브리인 중의 히브리인

바울은 유대적 유산을 갖고 있던 터라 유대인의 이야기, 즉 구약성경의 내용을 잘 알고 있었다. 바울은 스스로 "율법으로는 바리새인이요"라고 말한다. 사도행전 22:3의 "가말리엘 선생의 문하에서 교육을 받았다"는 바울의 말에서도 그가 율법을 잘 알고 있었음을 짐작할 수 있다. 율법에 정통한 바울은 회심한 후에 구약을 적극적으로 인용하면서 설교를 하거나 성경을 기록하였다.

③ 바울과 1세기 유대인들의 삶의 자리(포로기의 연속, 하나님의 통치에 대한 기대)

톰 라이트는 1세기 유대인들이 여전히 포로기 상태에 처해 있다고 생각했다는 점을 강조하며 다음과 같이 주장한다. 이방인들에게 자신들의 땅을 빼앗기고 하나님의 통치권마저 빼앗긴 유대인들은 하나님의 통치가 온 세상 위에 임하기를 간절히 염원했다. 유대인들은 다니엘 9장에 기초하여 로마의 통치하에 있던 자신들의 삶을 유배 생활의 연속으로 이해했다. 또한 토비트, 바룩, 마카비2서, 랍비문헌들도 계속되는 이스라엘의 유배생활을 말하고 있다. 이스라엘이 팔레스타인으로 돌아온 뒤에도 야웨가 아직 성전으로 귀환하지 않은 상태였기에 1세기 유대인들에게 유배(단순히 바벨론 땅에서의 지리학적인 유배와 반대되는 의미에서 진정한 유배)는 여전히 지속되는 현실이었다.[27] 그들에게 구약의 포로기는 현재의 포로 생활과 하나로 연결되는 이야기였다. 또한 유대인들은 자신들의 삶의 자리를 구약성경을 통해 해석하고 이해하고자 했다. 그런 의미에서 메시아는 자신들을 포로 생활에서 해방시켜줄 정치적 구원자였으며, 그들은 그러한 메시아적 존재를 통해 하루속히 로마의 통치에서 벗어나 자유롭게 살아가는 하나님의 통치가 임하길 고대했다. 이러한 기대에 대해 크리스토퍼 라이트는 다음과 같이 말하고 있다.

첫째, 율법에 대한 헌신의 증가다. 둘째, 묵시론적이고 메시아적인 소망의 고조다. 하나님의 회복에 대한 개인적 소망이 커져갔으며, 이 기대들은 메시아, 인자, 새 다윗, 엘리야, 그 선지자 등의 용어를 빌어 나타난다. 이런 인물이 오면 현시대의 끝과 하나님 나라의 도래, 그리고 이스라엘의 회복과 악한 자들의 심판을 알리게 될 터였다. 이런 기대와 소망을 품고 있던 사람들에게 세례 요한의 메시지와 예수의 메시지가 전해졌을 때 그들의 마

음이 얼마나 설레고 두근거렸을지 상상할 수 있다.[28]

이러한 상황에 비추어볼 때 메시아를 정치적·군사적 메시아로 여긴 베드로의 잘못된 고백은 충분히 이해할 만한 것이다. 또 예수가 십자가에 달려 죽었을 때 제자들이 느낀 좌절감, 예수를 메시아로 믿을 수 없었던 유대인들의 반응 역시 이해할 수 있다.

이제 바울이 복음을 이해하게 된 과정을 알아보자. 이를 위해 다음과 같은 순서로 여러 본문을 살펴볼 것이다. 바울이 이해하고 있었던 이스라엘의 이야기는 무엇인가?(복음 전도의 배경 이해단계), 바울에게 복음이란 무엇인가?(그리스도의 성취로 이해하기), 교회 핍박의 원인이었던 예수의 죽음과 부활을 선포했는가?(구원의 성취 방법 이해하기)

3) 바울의 복음

① 바울의 복음을 이해하기 위한 배경

먼저 바울이 어떤 배경에서, 또한 어떤 구약 이야기의 맥락에서 복음을 이해하고 전했는지를 살펴보자. 그 전에 먼저 짚어보아야 할 것이 있다. 바울이 '복음'이라는 단어를 사용할 때 그 안에는 현대를 사는 우리가 잘 모르는 어떤 함의들이 있다는 점이다. 바울과 그의 복음을 듣는 1세기 독자들은 우리가 모르는 여러 이야기와 세계관을 함께 공유했다. 바울과 독자들이 공유한 것은 과연 무엇일까? 신약학자 스캇 맥나이트는 '구약의 이야기'와 '복음'이 결합될 수 있는 본문을 통해 이를 살펴보길 제안한다. 로마서 1:16-17은 그것을 알아보기 가장 적절한 본문이다. 여기에는 '복음'이라는 단어와 정의가 분명하게 드러나 있고, 종교개혁자 루터와 칼뱅 이후 현재의 개신교에서도 이를 가장 중요한 본문으로 꼽고 있기 때문이다. 또한 이 본문에 나타난 '하나님의 의'는 바울이 복음을 정의하는 핵심 개념이기 때문이다.[29]

> 나는 복음을 부끄러워하지 않습니다. 이 복음은 유대 사람을 비롯하여 그리스 사람에게 이르기까지, 모든 믿는 사람을 구원하는 하나님의 능력입니다.…**하나님의 의**가 복음에 나타나 있으며…**믿음으로 믿음에 이르게 합니다.** 이것은 성경에 기록된 바 "의인은 믿음으로 살 것이다" 한 것과 같습니다 (롬 1:16-17).

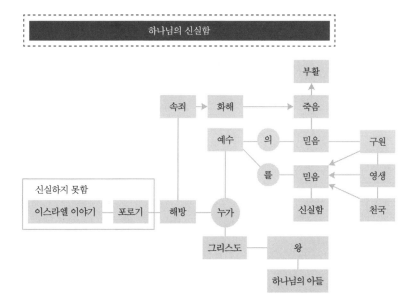

• *복음 이해를 위한 첫 번째 단서: 하나님의 의란 무엇인가?*

'하나님의 의'에 대한 해석은 크게 세 가지로 나뉜다. 첫째, 하나님의 한 가지 속성을 가리킨다.[30] 둘째, 하나님이 주신 신분을 가리킨다.[31] 셋째, 자신의 백성을 위한 하나님의 구원 행위를 가리킨다.[32]

이 세 가지 해석은 상호 배타적이지 않다. 특히 첫 번째, 세 번째 해석은 서로 크게 다르지 않다. 하나님의 의란 하나님께서 자신의 약속에 대해 의롭다(신실하다)는 점, 이스라엘의 구원에 대한 하나님의 능력을 말하고 있다는 점에서 그렇다. '하나님의 의'를 통해 알 수 있는 것은 하나님은 의로우신 분이라는 것, 하나님은 의로운 재판관으로서의 역할을 수행하시며 의롭다 함을 선언하실 수 있다는 것, 그리고 그에 따른 우리의 신분을 말할 수 있다는 것이다. 여기서 우리는 우리의 신분에 대한 것보다 하나님의 행위, 그중에서도 구원의 행위에 초점을 맞춰보려고 한다.[33] 언약에 대한 하나님의 신실함은 복음의 기초다. 특별히 우리가 강조해야 할 부분은 복음(Good News)이 우리의 행위가 아닌 하나님의 행위라는 점이다.

• *복음 이해를 위한 두 번째 단서: 믿음으로 믿음에 이르게 한다*

바울이 로마서 1:17에서 '믿음으로'에 '믿음에'(for faith)를 덧붙인 것은 신학자들 사이에서 끝없는 논란의 대상이 되고 있다.[34] 사실 이 구절은 너무 함축적이고 애매하기 때문에 어떤 해석이 옳은지 선택하기가 매우 어렵다.

우리가 선택해야 할 첫 번째 문제는 '믿음'(피스티스, πίστις)에 대한 해석이다. '피스티스'를 우리말로 번역하면 '동의', '확신'과 같은 믿음의 의미만이 아니라 '순종', '신실함'의 뜻도 담고 있다. 이에 대해 이민규 교수는 "그리스어인 '피스티스'는 구약 유대 문화의 '에무나'(אֱמוּנָה)에 해당하는 단어로, 히브리 문화에서 믿는다는 개념은 성실, 순종을 의미하며 믿음과 행위를 구별하는 이분법은 없다"고 지적한다.[35] 이러한 논증은 유대인의 배경에서 믿음을 이해하는 데 도움을 준다. 우리도 믿음을 어떤 대상에 대한 지적 동의와 신실함 사이의 선택으로 보기보다는, 믿음(동의)로부터 오는(신실함)이란 두 개념을 모두 포괄하는 정의로 보는 편이 좋다.

두 번째 선택의 문제는 '믿음이 누구의 믿음이냐'는 점이다. 이 믿음은 우리의 믿음인가, 아니면 예수의 믿음(신실함)인가의 문제로 귀결된다. 이는 갈라디아서 2:16에서 심각하게 다루는 문제다. 만약 여기서 예수 그리스도의 믿음을 강조하면 하나님의 신실함에 대한 예수의 응답으로 결론을 맺지만, 그렇게 되면 우리의 믿음에 대해서는 문제가 생긴다. 이에 대한 톰 라이트의 의견은 다음과 같다.

이 구절은 처음부터 끝까지의 믿음으로(NIV) 혹은 다른 가능한 많은 해석들 가운데 하나의 의미일 수 있다. 그러나 로마서 3:21-22과 다른 구절들에 비추어보면 이 구절의 가장 자연스러운 의미는 하나님의 신실하심에서 인간의 신실함으로(from God's faithfulness to human faithfulness)이다. 언약을 성취하는 하나님의 행위가 계시될 때 그것은 하나님께서 자신이 약속하셨던 내용에 신실하기 때문이다. 그리고 그 계시가 수용될 때 그것은 예수 그리스도 안에 나타난 하나님의 계시에 응답하는 인간의 믿음(faith)에 의해서 수용되는 것이며 그 인간의 믿음(faith)은 또한 메시아 예수 안에서 하나님의 부르심에 대한 믿음/신실함이기도 하다.[36]

이러한 톰 라이트의 통합적인 고찰은 믿음과 신실함의 문제, 즉 하나님의 신실함과 예수의 신실함 그리고 우리의 신실함(믿음)의 문제 모두를 포괄할 수 있는 해석학적 제안으로 생각된다.

• *복음 이해를 위한 세 번째 단서: 의인은 믿음으로 살 것이다 한 것과 같습니다*
바울은 복음을 설명하기 위해 하박국 2:4b을 인용한다. 따라서 로마서 1:17의 의미를 제대로 이해하려면 먼저 하박국서 전체의 메시지와 특히 2:4에 대한 분석이 이루어져야 한다. 하박국 선지자의 메시지는 하나님의 심판 가운데 하나님의 구원 능력을 믿고 인내하고 기다리라는 호소를 담고 있다. 하박국서 전체를 지배하고 있는 메시지는 하나님의 구원 능력, 즉 하나님의 신실함에 대해 신뢰하라는 것이다. 하박국 2:4의 본문은 하나님의 심판 아래 놓인 백성에 대한 위로와 격려인 동시에 '의인은 믿음으로 살 것이다'라는 소망의 메시지다. 본문은 "그의 신실함(faithfulness) 때문에 의인은 죽지 않는다"라고 말한다. 여기서 문제는 '그'가 누구냐라는 것이다. 즉 누구의 믿음(신실함)이냐라는 것이다. '그'는 의로운 사람을 가리킬 수도 있고 하나님을 가리킬 수도 있기 때문이다. 70인역에서는 "의인은 나(하나님)의 믿음(신실함)으로 살리라"(the righteous shall live by my faith)라고 번역한다. 이러한 번역은 하나님을 주체로 삼음으로써 하박국의 신학 메시지 중 중요한 위치를 차지하는 하나님의 신실함을 강조하고 있다. 한편 '그'가 유다 백성을 가리키는 것이라면 유다 백성들이 자신들의 신실함을 통해 살아날 것이라는 뜻이 된다.[37]

그렇다면 로마서 1:17에서 바울은 '그'를 누구로 봤을까? 바울은 로마서 1:17에서 하박국서의 '그의'를 아예 생략해버린다. 이러한 사실은 우리로 하여금 하박국 2:4의 '그'가 누구인지 선택하는 것을 더욱 어렵게 만들기도 하지만, 바꿔 생각하면 바울 사도가 우리에게 해석의 가능성을 열어놓았다고 볼 수도 있다. 따라서 우리는 '하나님의 신실함'과 '우리의 믿음'을 동시에 수용하는 것이 좋을 듯하다. 그렇게 되면 "오직 의인은 하나님의 믿음(신실함)에 대한 우리의 믿음(신실함)으로 살리라"라는 뜻으로 이해할 수 있을 것이다. 이러한 관점은 앞서 살펴본 '하나님의 의'에 대한 해석이나 '믿음으로 믿음에'에 대한 해석과 자연스럽게 연결될 수 있다.

우리는 여기서 두 가지 힌트를 얻을 수 있다. 바울이 전한 '복음'은 하나님의 언약에 대한 신실한 이야기이자 또한 하나님의 구원에 대한 신실한 이야기로, 예수 그리스도의 신실함과 우리의 믿음을 담고 있다는 점이다.

앞서 살펴본 마가복음에서 제시한 '십자가 복음'은 하나님의 신실한 이야기의 결론이며, 1세기 유대인들의 질문에 대한 해답이라고도 볼 수 있다. '복음'이란 우리가 이미 알고 있는 것처럼 예수에 대한 이야기로, 예수가 온 세상의 왕(통치자)이라는 선포다. 그리고 왕이신 예수가 사탄의 지배를 받던 우리를 해방시킨 방법이 십자가의 '죽음'이며, 그 죽음으로 우리를 해방시켰다는 사실을 하나님께서 인정한 사건이 바로 '부활'이다. 따라서 바울과 사도들에게 '예수의 죽음과 부활'은 선포의 핵심이었다.

그러나 초기 기독교의 복음 전도는 스데반의 죽음 이전까지는 대부분 유대인들에 의해 이루어졌다. 우리는 사도행전을 통해 유대 그리스도인들이 지중해 연안에 흩어진 유대인 회당을 중심으로 계속 복음을 전했다는 사실을 알 수 있다. 이는 매우 중요한 사실을 말해준다. 부활과 승천을 통해 온 세상의 왕으로 등극하신 예수에 대한 선포는 1세기 유대인들이라면 누구나 알고 있던 이야기에 대한 결론을 전하는 격이었다는 점이다. 이러한 사실은 사도 바울이 '하나님 나라' 이야기를 들려주는 사도행전 28:23-31에 분명히 나타나 있다. 바울은 자신의 청중들 모두가 익히 알고 있는 이스라엘에 대한 이야기를 나누면서, 그것의 결론으로 예수를 선포하고 있다.

문제는 이스라엘의 구원 이야기를 알지 못하는 이방인들에게 복음을 전할 때였다. 바로 이 지점에서 유대인과 이방인 모두가 이해할 수 있었던 '복음'이라는 단어를 사용하지 않았을까라는 추측이 가능하다. 또 이방인에게는 그들이 이해할 수 있는 단어와 사상을 통해 복음이 전파되었을 것이며, 점차 유대인 그리스도인들보다 이방인 그리스도인들이 더 많아지면서 복음 전도의 형식도 크게 변화되었을 것이다. 이러한 이유로 이 시기부터 복음 전도가 형식보다는 방법론에 무게를 두게 된 것일지도 모른다. 물론 이런 변화는 기독교의 확장에 큰 기여를 했다.

하지만 필자는 사도들이 복음을 전하던 형식과 내용에 대한 새로운 고찰과 이해를 통한 복음 전도 훈련이 필요하다고 생각한다. 우리는 초기 이방인 그리스도인들보다 구약성경을 더 쉽게 접할 수 있고, 그 덕에 이스라엘 이야기를 쉽게 파악할 수 있다. 또 우리는 더 이상 압제와 순교의 시대에 살고 있지도 않다. 병원 중환자실이나 호스피스 병동 등에서 화급을 다투어 복음을 전해야 하는 경우가 아닌 다음에야 기독교의 물적 기반이 비교적 튼튼한 한국 사회에서 군이 10분 안에 서둘러 복음을 전도해야 할 이유가 있을까 하는 의문이 든다.[38]

이상의 논지를 종합해보면 다음과 같다.

1. 복음은 하나님의 신실하신 이야기(구약의 이야기)라고 하는 배경을 통해서 들어야 한다.
   1) 서론: 왜 이스라엘은 포로 상황에 놓이게 되었나?
   2) 본론: 이스라엘(인류)을 향한 하나님의 구원 사역

2. 결론1: 하나님의 신실하신 이야기의 결정적 사건으로서의 예수 이야기를 전하는 것이 복음이다.

3. 결론2: 예수의 신실한 순종에서 오는 결과를 인간의 믿음으로 수용하는 것이 복음이다.

② 하나님의 신실한 이야기(하나님 나라 이야기)

우리는 앞서 1세기 유대인의 복음 선포가 하나님의 신실한 이야기를
배경으로 하여 울려 퍼졌음을 살펴보았다. 여기서 하나님의 신실한 이
야기란 구약 이스라엘의 이야기를 의미한다. 이와 관련하여 필자는 두
가지 이야기를 하려고 한다. 첫 번째는 하나님의 신실하신 계획이고,
두 번째는 동행과 탐심의 주제다. 그림으로 보면 다음과 같다.

위의 그림을 통해 알 수 있듯이 '하나님의 신실하신 계획'은 하나님
나라라는 거대한 이야기에 대한 계획이다. '하나님 나라 이야기'는 인
간의 동행과 탐심의 이야기를 담고 있는데, 이는 하나님 나라의 구성에
서 인간이 중요한 위치를 차지하고 있기 때문이다. 우리는 바울의 복음
선포의 배경이되는 하나님 나라와 하나님의 신실한 계획이 담긴 이야
기를 간략하게 살펴 보려고 한다.

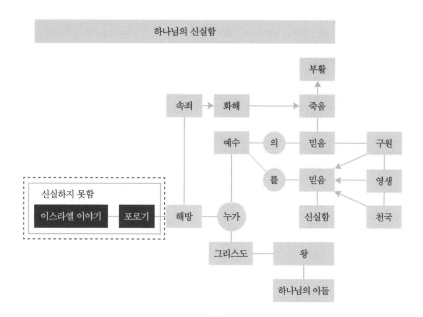

• 창조(하나님 나라의 원형)

'하나님의 의'는 하나님이 창조하신 세계에 대해 보여주시는 그분의 신실하심이다. 창조주 하나님은 자신이 창조한 에덴이 비록 인간의 죄로 인하여 어지럽혀졌지만, 인간으로 인해 파괴된 에덴을 포기하지 않고 회복하신다.[39] 이것이 창세기부터 요한계시록까지에 나타난 하나님의 구원 계획이다. 이 거대한 계획 안에 인간의 구원과 회복의 주제가 함께 있다. 또한 에덴은 단순한 창조의 그림이 아니라 하나님이 통치하는 성전의 모델로서,[40] 하나님이 통치하시는 나라의 모습을 보여주는 것이다. 창세기 1-2장의 내용을 도식화하면 다음과 같다.

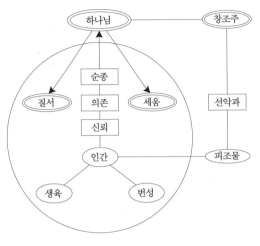

〈하나님 나라의 원형〉

인간의 역할

창세기 1장에 인간은 하나님의 대리자로서 모든 피조물을 다스리고 통제하는 역할을 한다고 쓰여 있다. 이 모든 권세가 연약한 피조물인 인간의 손에 주어진 것이다.

여기서 우리는 하나님의 신실한 이야기의 첫 시작을 알 수 있다. 하나님은 자신의 형상(창 1:27)으로 창조한 인간을 자신의 대리인으로서 에덴을 관리하는 통치자로 세우셨다.[41]

• *하나님 나라의 파괴*

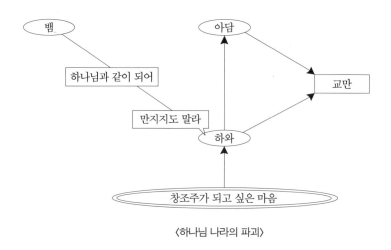

〈하나님 나라의 파괴〉

하나님이 창조하신 하나님 나라는 인간의 타락으로 인해 파괴되었다. 인간의 타락은 인간 스스로 창조주가 되고 싶은 '탐심'에서부터 나왔다. 여기서 우리는 두 가지 중요한 주제를 발견할 수 있다. 바로 '동행'과 '교만'이라는 주제다. 이 주제는 신구약 전체를 관통하고 있으며, 이는 인간과 하나님의 관계에 대한 이야기라고 볼 수 있다. 그 이야기는 에덴과 인간을 회복하시려는 하나님과, 끊임없이 하나님을 배반하고 아담과 같은 모습으로 '하나님 없이' 살려고 하는 인간의 '교만'에 대해 다룬다. 창세기 2:4-25은 하나님과 인류의 교제를 소개한다. 그러나 하나님의 안식에 참여하여 그 안식을 누려야 할 인류는 타락으로 말미암아(창 3장) 하나님과의 직접적인 대면이 불가능해졌다.

하지만 하나님의 신실하심은 아담과 하와가 범죄했을 때 명확히 드러난다. 자신이 창조한 유일한 인류인 아담과 하와에게 자비를 베푸시고 그들을 원대한 구원의 계획으로 이끄시는 장면이 바로 그것이다. 타락한 아담과 하와는 벗은 몸을 가리기 위해 무화과 나뭇잎을 엮어 치마로 삼는다(창 3:7). 그러나 하나님은 썩어 없어질 무화과 나뭇잎이 아닌 가죽옷을 지어 입히신다(창 3:21). 우리는 이 지점에서 '하나님의 신실하심'에 대한 이야기의 시작점을 발견할 수 있다. 하나님이 창조하신 에덴에서 그분을 대신해 통치할 권리를 받은 아담과 하와의 타락으로 에덴, 즉 하나님 나라는 파괴되었다. 하지만 하나님은 에덴과 인간을 버리지 않으시고 본래의 모습으로 회복시키고자 하신다.

• *아브라함의 선택과 이스라엘의 구원*

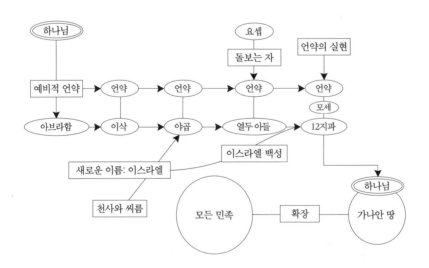

• *아브라함의 선택*

인간의 타락으로 하나님 나라의 질서는 파괴되고 세상은 왕, 백성, 땅, 법이 없는 무질서에 빠졌다. 이러한 희망이 없는 세상에 한줄기 빛처럼 나타난 사람이 있으니 그가 곧 아브라함이다. 하나님이 아브라함을 선택하신 사건은 그를 통해 하나님 나라를 재건하기 위한 첫 걸음을 시작한 것이라고 할 수 있다.

• *언약의 내용*

"하나님과 아브라함 사이에 맺은 언약의 핵심은 '땅의 약속'이다."[42]

1) 큰 민족을 이룬다.
2) 모든 민족이 너로 말미암아 복이 될 것이다.
3) 땅의 약속

하나님께서는 아브라함에게 큰 민족(많은 후손)을 약속하셨다. 이 약속은 그들이 살 땅에 대한 선물도 함께 내포하고 있다. 나아가 그들은 복을 받을 뿐 아니라 다른 민족에게 복을 전달하는 통로의 역할도 하게 된다.

따라서 하나님과 아브라함이 맺은 언약은 하나님 나라의 '백성(씨)의 선택'과 '땅의 약속'으로 요약할 수 있다. 이렇듯 하나님께서는 아브라함의 자손을 자신의 백성으로 삼아 약속한 땅에 하나님 나라를 재건하시고, 그 백성들을 시작으로 온 세상을 하나님 나라로 만들고자 하는 원대한 구원 계획을 시작하신다.

• 언약의 전달

아브라함에게 주어진 언약은 그의 자손 이삭과 야곱에게로 계승된다.
우리는 창세기에서 '장자권'을 두고 다툼이 벌어지는 것을 볼 수 있다.
사라는 장자권이 아브라함의 첩 하갈의 아들 이스마엘에게 넘어갈 것
을 걱정했고, 훗날 야곱과 에서는 장자권을 두고 형제 간에 다툼을 벌
인다. 창세기에 등장하는 이러한 이야기는 재산권에 대한 싸움인 동시
에 언약 계승의 싸움이라고 할 수 있다. 아브라함에게 주어진 (언약적)
축복이 이삭에게, 다시 이삭의 아들 야곱에게, 그리고 야곱의 12명의
아들들에게 전해지는 내용으로 창세기가 마무리된다. 이러한 아브라
함의 삶의 여정에는 약속을 신실하게 지키시는 하나님의 모습이 담겨
있다.

하나님이 창조 질서를 파괴한 인류를 구원하시고자 아브라함과 맺
은 언약은 '예비적 언약'이라고 할 수 있다. 이 '예비적 언약'은 하나님
나라를 이룰 씨의 선택이자 땅에 대한 약속이다. 하나님의 언약은 아브
라함의 자손들인 이삭, 야곱, 그리고 열두 아들에게로 전달된다. 그러나
하나님의 약속은 많은 위기를 겪게 된다. 위기 속에서 약속을 유지하는
역할로 하나님은 요셉을 사용하신다. 하나님은 이제 예비적 언약을 실
현하실 것이며, 그 약속은 야곱(이스라엘)의 열두 아들의 자손들과 맺어
질 것이다. 여기서 우리가 잊지 말아야 할 것은 하나님께서 아브라함과
맺은 언약은 이스라엘을 통해 인류 전체에게 전달되는 약속이라는 점

이다. 이것이 바로 하나님의 신실한 계획이다.

이제 다시 바울의 이야기로 돌아가려고 한다. 바울은 갈라디아 교회에 보내는 편지에서 다음과 같이 쓴다.

> 그것은, 아브라함에게 내리신 복을 그리스도 예수 안에서 이방 사람에게 미치게 하시고, 우리로 하여금 믿음으로 말미암아 약속하신 성령을 받게 하시려는 것입니다(갈 3:14).

"아브라함의 복을 이방 사람에게 미치게 하시고"(3:14b)라는 구절을 통해 우리는 바울이 이해한 복음의 배경을 발견할 수 있다. 그것은 바로 하나님의 신실하심이다. 앞서 제시된 그림을 통해 하나님이 아브라함에게 주신 복은 궁극적으로는 모든 민족을 위한 복이었음을 알 수 있었다. 바울 역시 하나님의 원대한 구원의 계획이 이스라엘만을 위한 것이 아닌 모든 민족을 위한 것이라고 밝힌다. 또한 이러한 신실하신 하나님의 계획이 이스라엘의 폐쇄적인 선민의식과 율법의식(율법의 행위)으로 이방인들에게 미치지 못하고 있음을 지적한다. 그림으로 보면 다음과 같다.

『Simply Bible』에 적용된 톰 라이트의 성경신학적 이해

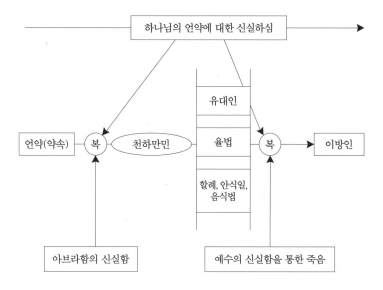

갈라디아서는 하나님의 신실하심을 통해 이방인이 하나님의 가족 됨에 대한 기초를 설명

아브라함의 자손인 이스라엘은 (구약 역사에서) 하나님의 언약적 신실함에 불성실하게 반응했다. 결국 이스라엘은 하나님의 동행 요구에 교만으로 반응한 죄에 책임을 져야 하는 상황에 처했다. 그 책임은 바로 '포로' 생활이다. 한편으로 바벨론 포로 생활에서 귀환하고 땅이 회복된 후에도 로마의 통치가 지속되고, 성전에 하나님의 통치가 부재한 상황은 1세기 유대인들에게 '회복'에 대한 소망을 품게 하였다. 그것은 하나님이 다시 한 번 행동함으로써 아브라함에게 하신 언약을 마침내 실현하시고, 이스라엘이 회복될 것이라는 선지자들의 예언 또한 성취하실 것이라는 소망이다.

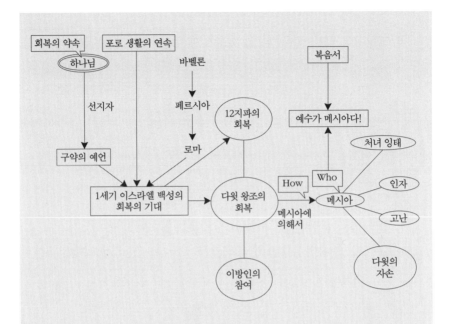

1. 하나님은 선지자들을 통해(예언서) 회복을 약속

2. 1세기 유대인들은 그 회복의 약속에 따라 이스라엘의 회복을 기
   대(유대인들은 과거의 역사를 통해 현재를 해석하였다)

   - 1세기 유대인들은 바벨론에서 귀환했지만 스스로 여전히 로마
     치하에서 포로기의 연속선상에 있다고 생각

3. 어떤 회복을 기대했는가?

   - 12지파의 회복

   - 다윗 왕조의 회복

   - 이방인의 참여

4. 그렇다면 어떻게 회복되는가? 메시아에 의해서

5. 그렇다면 누가 메시아인가? 예수가 메시아다.

6. 그는 어떤 메시아인가?(1세기 유대인들은 예언서에서 메시아에 관한 증거를 찾았다) 메시아는 처녀가 잉태한 자, 다니엘 7장의 인자, 다윗의 자손이어야 한다. 복음서는 처녀 잉태, 다니엘 7장의 인자, 다윗의 자손이라는 증거를 통해 예수가 메시아라는 사실을 확고히 선포하고 있다.

이런 소망 속에서 등장한 분이 바로 예수 그리스도이며, 예수는 이스라엘을 대표해 하나님의 신실한 계획에 순종으로 응답한다. 바울은 예수의 '십자가 죽음'을 그의 신실한 순종의 사건으로 묘사하고 있다. 이에 대해 톰 라이트는 다음과 같이 말한다.

이 모든 것의 배후에 희생이 있다. 그 희생을 통하여 예수는 아바 아버지께 순종을 드리실 것이고 그토록 오랫동안 사명에 순종하지 못했던 이스라엘도 마침내 그분을 통하여 순종하게 된다.[43]

제임스 던은 바울의 "복음" 용례의 특징을 설명하면서 다음과 같이 말한다.

바울은 그리스도의 복음이라는 말과 함께 하나님의 복음이라는 말을 거리낌 없이 사용한다. 이것은 바울의 그리스도의 복음에 대한 이해가 하나님

에 대한 이해와 완전히 일치한다는 것을 의도적으로 보여주는 것이다.[44]

이어서 던은 이러한 용례의 취지는 로마서 2:16에서와 같이 심판은 하나님의 몫이지만 '나의 복음'을 따라 예수 그리스도를 통하여 이루어질 것과 그리스도의 복음이 하나님의 신실성(faithfulness)을 입증해주는 측면이라고 말한다.[45] 바울은 단일하고 연속된 내러티브로서 이스라엘의 이야기를 이해한다. 따라서 바울의 복음은 이스라엘의 이야기 안에서 이해되어야 한다. 하나님은 세계와 인류를 구원하시고자 하는 단일한 구원 계획을 갖고 계셨으며, 이 단일한 구원 계획은 이스라엘의 소명을 그 구심점으로 삼고 있었다.[46] 1세기에 선포된 '복음'은 이스라엘 이야기의 연속선상에 있는 '복음'이다. 이와 관련하여 스캇 맥나이트는 복음을 네 가지 범주로 나눈다. 이스라엘 이야기, 예수 이야기, 구원 계획, 설득의 방법이 바로 그것이며, 이 범주들은 상호 연결되어 의존하고 있다.[47]

위 그림을 통해 알 수 있듯이 스캇 맥나이트는 이스라엘 이야기(성경 이야기)가 복음 전달의 기본 배경이자 기초가 되어야 함을 강조하고 있

다. 그래서 사도행전 28:23에서 바울은 간단한 복음이 아닌 하나님 나라의 이야기를 전달하기 위해 아침부터 저녁까지 전력투구했는지도 모른다. 그에 반해 우리는 복음을 너무 간편하게 전하고 있지 않는가? 앞서 이야기한 것처럼 우리의 복음 전도는 전도 대상을 붙잡고서 '이 세상에서 가장 중요한 것이 무엇인가?'에 대한 질문을 던지며, 그에 대한 답은 통상 예수를 믿음으로 얻는 '생명'으로 귀결된다. 그러나 이런 패턴은 자칫하면 전도를 받는 당사자에게 성급한 결단을 촉구하는 데만 머무를 수 있다. 물론 이런 질문과 대답이 비성경적인 것은 아니다. 다만 거대한 복음의 이야기 중 '생명', '죽음', '천국', '지옥'만을 강조할 수 있다는 점에서 경계해야 한다. 오직 구원을 얻기 위한 결단만을 촉구하는 복음 제시는 위급한 현장에서는 유용하지만, 복음의 의도를 정확히 구현하기는 어렵기 때문이다.

바울에게 복음은 단순히 구원의 체계가 아니다. 인간이 어떻게 구원을 받을 수 있는가를 보여주는 구원론에 대한 이야기도 아니다. 바울에게 복음이란 예수, 메시아, 주 되심에 대한 선포다.

1세기 유대인들의 삶의 자리와 해석

1세기의 유대교 분파들은 서로의 차이에도 불구하고 그들 모두를 하나로 묶는 세계관을 공유하고 있었다. 그들이 공유한 세계관은 기본적으로 성경에서 말하고 있는 창조와 선택, 출애굽과 왕정, 포로 생활과 귀환에 관한 것이다. 그리고 이런 큰 이야기의 일부를 다루는 좀 더 작은 단위의 이야기들이 있다.

유대인들의 세계관은 그들이 처한 삶의 자리를 이야기(구약성경)로 해석하면서 형성되었다. 따라서 그들의 삶의 자리에 대한 이해는 구약의 이야기에 의해 형성된다.

성경의 위대한 이야기는, 제2성전 시대에서는 그 결론을 찾는 이야기로 읽힐 수밖에 없었다. 그 결론은 이스라엘의 온전한 해방과 구속이 이루어지기 전, 다시 말해 자기 땅에서 갇힌 자가 된 이스라엘이 압제를 받고 있는 동안에는 일어날 수 없었던 사건을 포함한다. 이러한 결론은 이 이야기의 나머지 부분과 부합하고 분명한 연속성과 정확성을 지니기 때문이다.[48]

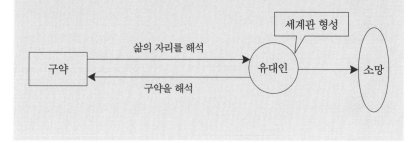

③ 바울이 전한 복음

앞서 살펴본 대로 바울이 전한 복음은 예수의 하나님 나라 선포와 동일시되고 있다. 바울이 쓴 편지를 연구하다 보면 바울이 전한 복음은 단순히 천국 가는 방법을 알려주는 복음이 아님을 알 수 있다. 이에 대해 톰 라이트는 다음과 같이 말한다.[49]

그 목적은 그저 사람 자신을 위한 것도 아니며, 그저 사람이 하나님과 관계를 맺기 위한 것도 아니었다. 하나님은 그분의 형상을 품은 사람을 통해서 지혜롭고 선하며 풍족한 그분의 질서를 세상에 심겠다는 목표를 갖고 계셨다. 그리고 역사의 마지막인 요한계시록에 있는 성경의 마지막 장면을 보라. 그것은 사람이 하늘로 올라가 하나님과 친밀하고 가까운 관계를 맺는 장면이 아니라 하늘이 땅으로 내려오는 장면이다.

성경에서 인류의 구원은 분명 매우 중요한 주제다. 그러나 확실히 짚고 넘어가야 할 것은 인류의 구원은 더 큰 목적의 일부라는 점이다. 하나님은 천국 가는 방법을 알려주기 위해 인류를 구원하신 게 아니라, 그가 하나님 나라의 회복에 모종의 역할을 담당하도록 하시기 위해 구원하셨다. 지구(인류)를 중심으로 태양(하나님)이 도는 것(천동설)이 아니다. 태양(하나님)을 중심으로 지구(인류)가 도는 것(지동설)이다. 그러므로 우리는 하나님의 거대한 목적과 의도 안에서 복음을 이해해야 한다. 오로지 구원을 얻기 위한 결단을 촉구하는 복음, 천국 가는 방법론으로서의 복음 제시, 자기중심적인 복음 이해는 예수와 사도들이 선포한 복음과는 큰 차이가 있다. 예수와 사도들은 단순히 불신자를 신자로 만들어 천국에 집어넣기 위해 힘쓴 것이 아니라 사람들을 하나님 나라의 백성, 곧 제자로 만들기 위해 힘썼다.[50]

다시 바울이 전한 복음으로 돌아가자. 바울의 복음은 예수의 '십자가'(죽음)와 '부활'이 그 중심을 차지한다. 대표적인 본문으로 고린도전서 15:1-11을 들 수 있다.

형제자매 여러분, 내가 여러분에게 전한 복음을 여러분에게 일깨워 드립니다. 여러분은 이 복음을 전해 받았으며, 또한 그 안에 서 있습니다. 내가 여러분에게 전해드린 말대로, 여러분이 복음을 굳게 잡고 있으면, 또 여러분이 헛되이 믿지 않았으면, 그 복음으로 여러분도 구원을 얻을 것입니다. 내가 전해 받은 중요한 것을, 여러분에게 전해 드렸습니다. 그것은 곧, 그리스도께서 성경대로 우리 죄를 위하여 죽으셨다는 것과, 무덤에 묻히셨다는 것과, 성경대로 사흘째 되는 날에 살아나셨다는 것과, 게바에게 나타나시고 다음에 열두 제자에게 나타나셨다고 하는 것입니다. 그 다음에 그리스도께서는 한 번에 오백 명이 넘는 형제자매들에게 나타나셨는데, 그 가운데 더러는 세상을 떠났지만, 대다수는 지금도 살아 있습니다. 그 다음에 야고보에게 나타나시고, 그 다음에 모든 사도들에게 나타나셨습니다. 그런데 맨 나중에 달이 차지 못하여 태어난 자와 같은 나에게도 나타나셨습니다. 나는 사도들 가운데서 가장 작은 사도입니다. 나는 사도라고 불릴 만한 자격도 없습니다. 그것은, 내가 하나님의 교회를 박해하였기 때문입니다. 그러나 나는 하나님의 은혜로 오늘의 내가 되었습니다. 나에게 베푸신 하나님의 은혜는 헛되지 않았습니다. 나는 사도들 어느 누구보다도 더 많이 수고하였습니다. 그러나 내가 이렇게 한 것이 아니라, 내가 늘 입고 있는 하나님의 은혜가 한 것입니다. 그러므로 나나 그들이나, 다 같이 우리는 이렇게 전파하고 있으며, 여러분은 이렇게 믿었습니다(고전 15:1-11).

1절에서 바울은 '받았다'라고 말한다. 이 고백은 매우 오래된 전승을 가리키는 것으로 아마 바울이 사도로 부름 받았던 시기, 곧 예수께서 예루살렘에서 십자가에 처형된 후 대략 3년 이내에 작성되었을 가능성이 높다.[51] 따라서 고린도전서 15장에 나오는 복음에 대한 진술은 초기 기독교의 복음에 대한 고백과 형식을 연구하는 데 있어 매우 중요하다. 이제 이 본문을 통해 바울이 전해받은 복음에 대해 살펴보자.

④ 바울이 전해받은 복음은 무엇인가?

〈고린도전서 15:3-5〉

3 내가 전해 받은 중요한 것을, 여러분에게 전해 드렸습니다. 그것은 곧, 그리스도께서 **성경대로 우리 죄를 위하여 죽으셨다는 것**과,

4 무덤에 묻히셨다는 것과, **성경대로** 사흘째 되는 날에 **살아나셨다는 것**과,

5 게바에게 나타나시고 다음에 열두 제자에게 나타나셨다고 하는 것입니다.

바울이 전해받고 ('받았다'라는 말은 그가 전하는 복음과 다른 사도들의 설교가 공통 전승에 기반을 두고 있음을 보여준다.) 선포한 복음은 크게 세 가지 주제로 설명할 수 있다. 첫째로 '성경대로', 둘째로 '우리 죄를 위하여 죽으셨다', 셋째로 '살아나셨다'가 바로 그것이다. 이는 그리스도의 '죽음과 부활'이라는 두 가지 핵심 사건이 '성경에 따라' 일어났음을 보여준다. 예수의 '죽음과 부활'이 성경에 따라 일어났다는 것은, 복음이 하나님의 이스라엘에 대한 신실한 이야기의 연속으로 성취되고 있음을 드러낸다.

예수는 십자가의 죽음을 의도하였던 것인가?

바울은 복음이 성경대로 이루어졌음을 강조한다. 로마서 1:2을 보자.

이 복음은 하나님께서 예언자들을 시켜서 **성경에 미리 약속하신 것으로**(롬 1:2).

동일한 형식이 로마서 1:16-17에서도 나타난다.

나는 복음을 부끄러워하지 않습니다. 이 복음은 유대 사람을 비롯하여 그리스 사람에게 이르기까지, 모든 믿는 사람을 구원하는 하나님의 능력입니다. 하나님의 의가 복음에 나타나 있으며, 믿음으로 믿음에 이르게 합니다. **이것은 성경에 기록된 바** 의인은 믿음으로 살 것이다 한 것과 같습니다(롬 1:16-17).

바울은 '복음'을 성경의 토대 위에 올려놓는 일을 중요하게 여겼다. 그는 그리스도의 죽음과 부활은 하나님께서 선지자들을 통하여 성경에 약속한 구원을 성취한 사건이라고 말한다. 바울의 서신에는 (구약)성경을 인용한 예가 대략 100번 정도 나온다. 여기서 우리는 바울이 전한 복음이 (구약)성경을 기초로 삼고 있음을 분명히 알 수 있다.

• 죽음

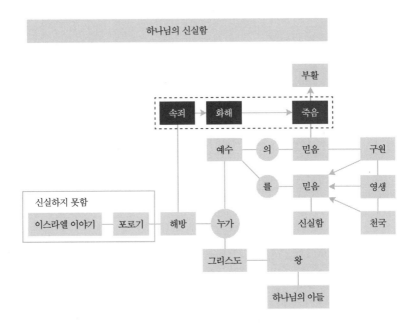

바울은 한때 '메시아의 죽음'을 인하여 초기 그리스도인들을 박해했다. 하지만 이제 그는 메시아의 죽음이 더는 연약한 죽음이 아니라고 보았다. 오히려 그는 십자가를 하나님의 능력이라고 생각했다(바울이 이렇게 변화하게 된 배경에는 '다메섹 사건'이 있었다). "십자가의 말씀이 멸망하는 자들에게는 어리석은 것이지만, 구원을 받는 사람인 우리에게는 하나님의 능력입니다"(고전 1:18).

그렇다면 예수는 자신의 죽음을 어떻게 보고 있는가? 자신의 죽음에 대한 예수의 가르침은 크게 세 가지로 나뉜다.

- 첫째, 예수의 죽음은 죄에 대한 하나님의 심판을 경험하는 것이다.

예수께서 그들에게 말씀하셨다. "너희는, 너희가 구하는 것이 무엇인지를 모르고 있다. 내가 마시는 잔을 너희가 마실 수 있고, 내가 받는 세례를 너희가 받을 수 있느냐?" 그들이 말하였다. "할 수 있습니다." 예수께서 그들에게 말씀하셨다. "내가 마시는 잔을 너희가 마시고, 내가 받는 세례를 너희가 받을 것이다"(막 10:38).

예수께서는 이렇게 말씀하셨다. "아바, 아버지, 아버지께서는 모든 일을 하실 수 있으시니, 내게서 이 잔을 거두어 주십시오. 그러나 내 뜻대로 하지 마시고, 아버지의 뜻대로 하십시오"(막 14:36).

여기서 잔을 마시는 것은 인간의 죄와 하나님을 향한 불순종에 대한 하나님의 심판과 관련된다.

- 둘째, 예수의 죽음은 대속물로서 구속을 성취한다.

인자는 섬김을 받으러 온 것이 아니라 섬기러 왔으며, 많은 사람을 위하여 자기 목숨을 대속물로 내주러 왔다(막 10:45).

예수는 자신의 목숨을 대속물로 내어줌으로써 이스라엘을 해방시키고 구속을 성취한다. 즉 예수는 자신의 죽음을 해방에 이르는 새 출애굽의 결과로 보고 있다.

예수는 유월절 성만찬의 자리에서 자신의 죽음을 제자들이 이해하기 쉽도록 유월절 구원의 이야기 안에서 설명한다. 이에 대해 톰 라이트는 "예수의 죽음을 이스라엘에 대한 야웨의 구속이라는 큰 이야기 속에서 보아야 한다"[52]라고 말한다. 실제로 예수는 자신의 죽음을 이스라엘 이야기의 연속선상에서 설명하고 있다.

성만찬 이야기

〈마가복음 14:22-26〉

22 그들이 먹고 있을 때에, 예수께서 빵을 들어서 축복하신 다음에, 떼어서 그들에게 주시고 말씀하셨다. "받아라. 이것은 내 몸이다."

23 또 잔을 들어서 감사를 드리신 다음에, 그들에게 주시니, 그들은 모두 그 잔을 마셨다.

24 그리고 예수께서 말씀하셨다. "이것은 많은 사람을 위하여 흘리는 나의 피, 곧 언약의 피다.

25 내가 진정으로 너희에게 말한다. 이제부터 내가 하나님의 나라에서 새것을 마실 그 날까지, 나는 포도나무 열매로 빚은 것을 다시는 마시지 않을 것이다."

26 그들은 찬송을 부르고서, 올리브 산으로 갔다.

Q. 성만찬은 언제 이루어졌는가?

A. 예수가 베푼 성만찬은 유월절 저녁에 이루어졌다(막 14:12).

Q. 유월절의 의미는 무엇인가?

A. 유월절은 출애굽 사건을 기억하고 구원을 기념하며 장차 다가
올 출애굽을 소망하는 절기다.

Q. 몇 명이 모였는가?

A. 예수와 12제자

Q. 이스라엘에서 12는 무엇을 뜻하는가?

A. 옛 하나님의 백성인 이스라엘은 12지파로 이루어져 있었다. 예
수의 12명의 제자는 12지파를 상징한다.

Q. 떡과 잔의 의미는 무엇인가?

A. 떡=예수의 몸, 잔=예수의 피. 예수는 떡과 잔으로 자신의 죽음
을 상징적으로 보여주고 있다.

Q. 성만찬 이야기 해석

A. 예수는 만찬에서 찢긴 떡과 부어진 잔을 통해 자신의 죽음을 상징
적으로 나타낸다. 이러한 예수의 행동에는 깊은 의미가 담겨 있다.

예수는 자신의 죽음을 통해 하나님 백성의 죄를 씻기고, 이로써 하나님과 그분의 백성의 관계를 올바르게 회복시키려 한다. 만찬에서 예수는 자신의 피를 '언약의 피'라고 말한다. 이는 시내 산에서 하나님과 이스라엘이 맺은 언약이 갱신된 것이라고 볼 수 있다.

도성 시온아, 이제 네가 지은 죄의 형벌을 다 받았으니, 주께서 다시는 네가 사로잡혀 가지 않게 하실 것이다. 에돔의 도성아, 주께서 네 죄악을 벌하시며, 네 죄를 밝혀 내실 것이다(애 4:22).

1세기 유대인은 자신들이 약속의 땅으로 귀환했지만 여전히 포로기가 지속되고 있다고 보았다. 이런 가운데 예수의 죽음은 포로 생활을 끝내는 계약의 갱신, 곧 새 언약(렘 31:31-34)을 상징한다. 유대인들에게 포로기의 종식은 죄 사함을 의미했고, 그들은 죄 사함을 받아야 포로기가 끝난다고 생각했다.[53] 이러한 맥락에서 톰 라이트는 예수는 제자들에게 자신의 죽음은 유월절의 구원 행위(새로운 출애굽)이고, 나아가 시내 산 언약을 갱신하고 새 언약을 성취하는 것이라고 말한다. 예수는 자신의 죽음을 통해 '계약의 갱신/포로 생활의 종결'을 가져온다. 이렇듯 '예수의 죽음'은 이스라엘 이야기의 진행에서 가장 중심이 되는 결정적인 순간이라 할 수 있으며, 특히 출애굽 사건을 중요한 배경으로 삼고 있다.[54]

– 셋째, 예수의 죽음은 하나님의 신실함에 대한 순종이다.

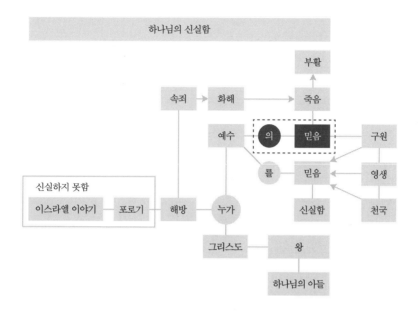

예수의 죽음을 교리적으로 이해하는 것도 중요하지만 성경 전체의 맥락 안에서 이해하는 것도 그에 못지않게 중요하다. 그런 면에서 예수의 죽음은 하나님의 신실한 이야기의 결정적 사건으로 이해해야 한다. 성경은 타락한 인류를 포기하지 않는 하나님의 사랑을 보여준다. 그 사랑은 구체적으로 이스라엘과 맺은 언약에 대한 신실함으로 나타난다. 그러나 이스라엘은 아브라함과 마찬가지로 하나님의 신실함(사랑)에 사랑(신실함)으로 응답하지 못했다. 이스라엘은 하나님을 사랑하는 대신 우상을 사랑했으며, 그 대가를 유배 생활로 지불해야 했다. 이렇게 죄라는 곤경에 빠진 이스라엘을 향한 하나님의 사랑(신실함)이 궁극적으로 나타난 것이 곧 하나님의 아들 예수다.

예수는 이스라엘을 대표해 하나님께 신실하게 응답함으로써 대속의 제물이 될 자격을 얻는다. 이스라엘은 예수의 죽음으로 '죄 사함'을 받아 포로 생활에서 귀환한다. 1세기 유대인들에게 '죄 사함'은 유배 생활의 맥락에서 이해할 수 있으며 이는 '포로 생활에서의 귀환'을 말하는 또 다른 방식이다.[55] 포로기의 곤경에 빠진 자들을 해방하기 위해 스스로 대속물이 된 예수 안에서 '죄 사함'을 받은 이스라엘은 포로에서 해방되어 새 이스라엘로 창조된다. 그러나 예수와 바울은 예수의 죽음이 이스라엘만을 위한 것이 아니라 모든 인류의 구원을 위한 행위였다고 가르친다.[56]

인자는 섬김을 받으러 온 것이 아니라 섬기러 왔으며, 많은 사람을 위하여 자기 목숨을 대속물로 내주러 왔다(마 20:28).

예수의 죽음은 하나님과 우리의 관계를 회복시키는 언약적 죽음이다(롬 5:9). 성경에 나타난 예수의 믿음(신실함)이란 이스라엘을 위한 하나님의 장구한 계획에 대한 신실함을 말한다. 메시아의 신실한 죽음이 하나님 백성을 재정의한다.[57] 1세기 유대인들은 율법을 행하는 것을 하나님 백성의 표지로 보았다. 율법에 대한 이런 생각은 하나님이 아브라함과 맺은 언약의 원대한 계획을 실현하는 데 걸림돌이 되었다. 율법이 그분의 계획을 방해하는 것으로 잘못 이용되고 만 것이다. 하지만 예수의 죽음은 하나님이 아브라함과 맺은 언약의 원대한 계획을 이룬다. 또

이 죽음으로 예수는 유대인과 이방인 모두 하나님의 백성이 되는 길을 여셨다.

• 부활

유대적 세계관을 갖고 있던 부활의 목격자들은 예수의 부활 사건을 통해 자신들이 갖고 있던 예수의 죽음과 정체성에 대한 이해를 다음의 두 가지 의미로 재조명한다.

- 첫째, 옳다 인정함

무덤에 묻히셨다는 것과, 성경대로 사흘째 되는 날에 살아나셨다는 것과 (고전 15:4).

고린도전서 15:4에서 "살아나셨다"라고 번역된 그리스어 동사(ἐγήγερται)는 '현재완료 수동태'다. 수동태란 주어가 어떤 일을 능동적으로 하는 것이 아니라 동작의 대상이 되어 작용을 받는 것을 말한다. 그러므로 '그가 일으킴을 받았다'는 '수동태'의 관점에서 볼 때 예수가 스스로 일어난 것이 아니라, 하나님께서 그를 일으키셨음을 알 수 있다. 그리고 과거에 일어난 어떤 일이 현재에도 영향을 미치는 '현재완료' 시제는 그가 일어난 채 계속해서 살아 있음을 가리킨다. 이 고백적 공식문은 지난 사건을 단순히 재생하는 것이 아니라 그리스도를 살아 계신 주님으로 선포하고 있다.

로마서 4:25에도 부활과 관련하여 유사한 표현이 등장한다. "예수는 우리의 범죄 때문에 죽임을 당하시고, 또한 우리를 의롭게 하시려고 살아나셨습니다." 여기에서도 '살아나셨다'라는 동사는 고린도전서 15:4에서와 마찬가지로 수동형이다. 예수의 부활은 능동적인 사건이 아니라 수동적인 사건인 '일으켜졌다'라는 의미다. 부활은 '하나님이 일으키신' 것이다. 이와 관련해 김세윤 교수는 다음과 같이 말한다.

> 그의 죽음과 부활을 체험한 제자들은 하나님께서 예수가 예고한 대로 그를 우리의 죄 문제를 해결하기 위해 대속의 제사로 죽음에 넘겨주셨고 죽은 자들 가운데서 일으키셨음을 깨닫게 되어 로마서 4:25과 같은 신앙고백 선포 양식을 만들었다.[58]

결국 하나님이 예수를 부활시키심을 제자들과 많은 이들이 목격하고, 하나님께서 예수를 옳다고 인정하셨음을 깨닫게 되었다. 그러므로 예수의 죽음은 복음의 핵심이고, 예수의 부활은 그의 죽음이 이 복음의 핵심임을 확인하는 사건이라고 할 수 있다.

- 둘째, 예수의 주 되심

많은 자유주의 학자들과 초자연적인 현상을 거부하는 사람들은 예수의 부활을 부정했다. 그들은 예수를 따르던 공동체가 예수를 신격화하기 위한 방편으로 부활 사건을 조작한 것이라고 주장한다. 과연 그렇게 볼 수 있을까?

래리 허타도는 그의 저서 『주 예수 그리스도』에서 매우 중요한 주장을 펼친다. 예수를 따르던 제자들과 많은 무리는 유대인으로 구성되어 있고, 당연히 그들은 유대교의 핵심인 '유일신' 사상을 가지고 있었다. 그런 이유에서 허타도는 초기 그리스도인들이 예수가 주(하나님) 되심을 고백한 것은 매우 특이한 현상이라고 보았다. 1세기 유대교의 문서에서 메시아를 하나님으로 섬긴다는 주장은 어디에서도 발견되지 않았다. 그렇다면 예수를 따르던 유대인들은 어떻게 '유일신 사상'을 벗어던지고 예수를 하나님과 동등한 존재로 여기며 그를 예배하게 된 것일까? 이렇게 중요한 사상의 전환은 그들이 예수의 '부활' 사건을 목격했기 때문에 일어난 것이다.

이 점에서 초기 기독교의 고백이자 찬송시였던 빌립보서 2장은 우리에게 시사하는 바가 크다. 빌립보서 2:5-11은 예수가 하나님께 순종하여 십자가에서 죽으셨고 그 후 하나님은 예수를 보좌에 앉히시고 그에게 권세를 주심으로 통치자로 세우셔서 모든 사람이 예수를 '주'라 고백하도록 했다는 내용이다. 이처럼 초기 그리스도인들에게 예수의 부활은 하나님께서 예수를 높이신 사건으로 이해되었으며, 이 사건은 그들의 신앙의 핵심으로 자리 잡게 된다.[59]

⑤ 왜 바울은 예수의 죽음과 부활을 선포했나?

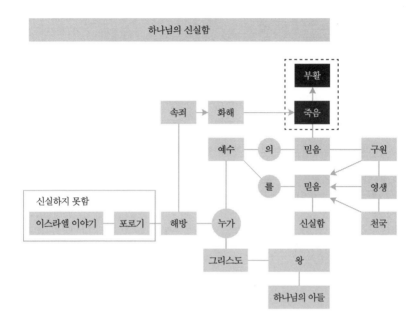

하나님께서는 예수를 부활시킴으로써 스스로 대속제물이 되어 우리
의 죄를 씻어버린 예수의 행위가 옳았음을 인정하셨다. 예수의 십자가
죽음은 우리의 죄를 씻는 복음의 핵심 사건이다. 그리고 예수의 부활
은 그것이 복음의 핵심 사건임을 확인한 것이라고 할 수 있다. 따라서
'εὐαγγέλιον'(복음)은 예수가 하나님의 구원을 이루신 분이라는 선포다.
복음은 그리스도의 죽음과 부활에 관한 소식이다. 예수 그리스도의 죽
음과 부활이 인류를 위한 하나님의 구원 사건이기 때문이다. 특히 바울
에게 복음은 예수 그리스도의 죽음과 부활에 관한 소식을 뜻한다. 곧 예
수 그리스도의 죽음과 부활이 하나님께서 인류를 위해서 이루신 구원의

사건이란 의미다. 이것은 모든 인류에게 기쁜 소식이다. 따라서 바울에게는 '복음=예수의 죽음과 부활'이 되는 것이다.

3_ 하나님 나라의 완성과 초대

- 하나님 나라는 어떻게 완성되는가?

- 복음의 목적

- 초대와 응답: 회개와 믿음

- 믿음의 효과

- 하나님과의 바른 관계를 어떻게 유지하는가?

- 종합

가. 하나님 나라는 어떻게 완성되는가?

예수의 죽음과 부활이 우리에게 가져다준 '하나님 나라', 즉 하나님이
통치하시는 왕국은 어떻게 완성되는가?

우리는 앞서 유대인들이 견지하고 있던 종말론의 시대 구분을 통해
'영생'의 개념에 대해 살펴보았다. '영생'은 '오는 세상'의 삶을 말하며
그것은 하나님의 왕국에서 그분의 통치를 받는 삶이다. 즉, 이 시대(사
탄의 통치)에서 건짐을 받아 하나님의 통치가 이루어지는 그분의 왕국
으로 옮겨진 것이 바로 '구원'이다. 그리고 예수의 '죽음과 부활'은 우리
에게 '구원'을 가져다준 결정적인 사건으로, 복음의 핵심이라고 볼 수
있다. 여기서 우리는 한 가지 의문을 품을 수 있다. '하나님의 왕국에서
하나님의 통치를 받으며 하나님의 백성이 된 우리는 사탄의 통치의 영
향에서 완전히 벗어난 것일까?' 우리 주변을 돌아보면 사탄의 통치는
여전히 이 땅에서 막강한 맹위를 떨치고 있는 것처럼 보인다. 현시대는
하나님의 통치와 사탄의 통치가 혼재되어 있는 상태다. 이를 통해 우리
는 하나님의 통치가 완전히 이루어지는 하나님의 왕국이 아직 완성되
지 않았다는 것을 알 수 있다. 우리는 앞서 하나님 나라의 미래적 의미
인 '아직'에 대해 살펴봤다. 그렇다면 사탄의 통치와 하나님의 통치의
공존을 끝내는 '완성'의 시대는 어떻게 오는가? 이에 대해서 초기 그리
스도인들은 어떻게 생각했는가? 그 '완성의 시대'는 다음 그림처럼 '예
수의 다시 오심'(재림)을 통해 이루어질 것이다.

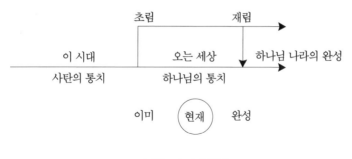

〈기독교의 시대 구분〉

　　초기 그리스도인들은 유대인들과 달리 하나님의 통치는 이미 왔으며, 그 완성은 예수의 재림으로 이루어질 것이라고 믿었다. "예수는 다시 오셔서 온 세상에 아직 남아 있는 악을 제거하시고 바로 잡으실 것이다." 이것이 바로 초기 그리스도인들이 마음에 품었던 '재림'(예수의 다시 오심)에 대한 소망의 내용이다. 성경은 예수의 재림을 여러 가지 모습으로 표현한다. 그렇다면 우리가 던질 수 있는 첫 번째 질문은 '예수가 다시 이 땅에 돌아오실 때 어떠한 방법으로 오실 것인가?'이다. 이에 대해 요한1서는 다음과 같이 말한다.

　　그러므로 어린 자녀 여러분, 그리스도 안에 머물러 있으십시오. 그것은, 그가 나타나실 때에, 우리가 담대함을 가지려고 하는 것이며, 그가 오실(나타날) 때에, 그 앞에서 부끄러움을 당하지 않게 하려는 것입니다(요일 2:28).

　　사랑하는 여러분, 이제 우리는 하나님의 자녀입니다. 앞으로 우리가 어떻게 될지는 아직 밝혀지지 않았습니다만, 그리스도께서 나타나시면, 우리도 그와 같이 될 것임을 압니다. 그 때에 우리가 그를 참 모습 그대로 뵙게 될 것이기 때문입니다(요일 3:2).

요한은 그리스도가 다시 오시는 모습을 '나타남'(parousia)이라는 표현으로 강조한다. 이와 관련하여 톰 라이트는 자신의 저서에서 다음과 같이 말한다.

> 우리에게는 그분이 '오시는' 것처럼 보이겠지만 사실은 그분이 현재 그분이 계신 그곳에서 '나타나실' 것이기 때문이다. 예수가 지금 계신 곳은 우리가 속한 시공간의 세계로부터 아주 멀리 떨어진 곳이 아니라 그분 자신의 세계, 하나님의 세계, 우리가 '하늘'이라고 부르는 세계다. 이 세계는 우리의 세계(땅)와는 다르지만 수많은 방식으로 서로 교차되어 있으며 특히 그리스도인 자신의 내적 삶에서 교차된다. 언젠가는 이 두 개의 세계가 완전하게 통합되어 서로를 온전히 볼 수 있게 될 것이다.[60]

예수의 재림에 대한 표현은 매우 다양하기 때문에 그 의미를 정확히 설명하기는 어렵다. 하지만 우리가 알아야 할 점은 그가 반드시 '다시 오신다'(나타나신다)는 것이다. 여기서 우리는 두 번째 질문을 던질 수 있다. 앞서 언급한 '두 개의 세계'는 어떠한 방식으로 통합될 것인가? 성경은 하나님 나라의 최종적인 모습을 천상(heaven)의 '새 하늘과 새 땅'이 이 땅으로 내려와 합쳐지는 것으로 그린다. 이필찬 교수는 요한

계시록 21장에 나타난 하나님 나라의 완성에 대해 다음과 같이 말한다.

예수의 죽음으로 맺어진 새 언약 백성은 예수 그리스도로 말미암아 구속을
받아 그리스도 안에서 천상적 축복을 맛보면서 존재하지만 아직 온전히 회
복되지 않은 타락한 세상에 살고 있기 때문에, 새 창조로 말미암아 지상의
모든 대적들은 사라지고 새롭게 됨으로 지상과 천상의 차이는 없어진다.[61]

이와 관련해 톰 라이트는 '구원'을 신약성경이 말하는 것처럼 하나
님이 약속하신 새 하늘과 새 땅, 그리고 새롭고도 영광스런 물리적 구
체성을 지닌 실재에 우리가 동참할 수 있도록 부활시키겠다는 약속의
관점에서 볼 것을 제안한다.[62] 이러한 관점에서 볼 때 하나님 나라는 새
로 만드는 것이 아니라 만물을 새롭게 한다는 의미를 갖는다. 이것은
재창조가 아니라 갱신의 모습이다(계 21:5). 요한계시록 22장에서 그리
는 하나님 나라는 하나님 나라의 원형인 에덴의 모습과 같다. 하지만
미래의 하나님 나라에는 선악과가 없으며 "다시 저주가 없다"(3절). 이
는 무엇을 의미하는가? 더 이상 선악과의 유혹이나 율법의 요구를 받
지 않아도 될 완성된 하나님 나라를 말해준다. 그곳에는 오직 생명나무
만이 존재할 뿐이다.

나. 복음의 목적

하나님은 왜 우리에게 유일한 아들 예수를 내어줌으로 '구원', '하나님

나라', '영생'을 얻게 하셨는가? 그것은 우리로 하여금 하나님의 통치를 받으며 하나님이 세우신 나라의 회복에 참여토록 하기 위함이다. 하나님이 우리에게 주신 복음의 목표는 단순히 사후에 얻을 영혼 구원의 수준에 국한되는 것이 아니다. 오히려 구원의 최종 목적은 하나님 나라의 회복과 완성이다. 하나님 나라의 타락이 인간으로부터 시작되었다면 회복 또한 인간을 통해서 시작될 것이다. 그렇기에 인간의 구원이 복음에서 가장 중요한 주제가 되는 것이다. 우리는 아담적 삶을 버리고 하나님의 통치를 받으며 예수의 계명에 순종하는 삶을 통해 하나님 나라 회복의 도구 역할을 할 수 있다. 그리고 성경은 마지막 날의 심판을 통해 하나님 나라가 완성될 것이라 말한다.

다. 초대와 응답: 회개와 믿음

1) 회개

> 때가 찼다. 하나님의 나라가 가까이 왔다. 회개하여라. 복음을 믿어라(막 1:15).

1세기 유대인들에게 '구원'(해방)의 이미지는 앞서 살펴본 대로 '포로 상태로부터의 해방'이다. 그들이 큰 의미를 두고 있는 포로 상태에서의 해방은 곧 하나님 나라의 도래를 뜻한다. 예수가 선포한 "때가 찼다. 하나님의 나라가 가까이 왔다. 회개하여라. 복음을 믿어라"(막 1:15)

라는 메시지는 바로 그 '하나님 나라로의 초대'다. 예수의 선포는 우리에게 '실천'을 말한다. 하나님 나라가 이미 도래했으니 회개를 실천할 것을 독려하는 것이다. 이와 관련해 톰 라이트는 4단계에 걸친 실천의 윤곽을 말한다.[63]

첫 번째는 초대(invitation)로 하나님 나라의 선포는 회개하고 복음을 믿으라는 부르심을 말한다. 두 번째로 초대받은 자들은 환영(welcome)을 받았다. 세 번째는 초대와 환영을 받은 자들의 도전(challenge)적 실천이다. 마지막 네 번째는 갱신된 참 이스라엘 백성으로 살아가도록 부르심(summons)을 받는 것이다.

'예수의 선포'는 구원의 여정을 단지 도식화한 것이 아니다. 그 선포는 하나님 나라 이야기의 연장선상에 있으며 청중들에게 듣고 깨달은 바를 실천할 것을 요구하고 있다. 이 점은 우리가 앞서 살펴본 대로 복음 선포를 이스라엘 이야기 안에서 듣는 것의 중요성에 대해 다시금 생각하게 한다.

그렇다면 예수와 1세기 유대인들에게 '회개'의 의미는 무엇인가? 당시 1세기 유대인들은 '회개'를 종말론적인 행동으로 간주했다. 그들에게 '회개'는 이스라엘이 포로 생활을 끝내기 위해 반드시 '실천'해야 할 것이었다. 이러한 개념은 특히 이스라엘의 회복에 대한 소망에 깊은 영향을 준 예언서 곳곳에서 나타난다.

내가 너의 죄를, 짙은 구름을 거두듯 없애 버렸으며, 너의 죄를 안개처럼 사라지게 하였으니, 나에게로 돌아오너라. 내가 너를 구원하였다(사 44:22).

땅 끝까지 흩어져 있는 사람들아! 모두 나에게 돌아와서 구원을 받아라. 내가 하나님이며, 나 밖에 다른 신은 없기 때문이다(사 45:22).

"이런 온갖 음행을 하면서도, 배신한 자매 유다는, 건성으로 나에게 돌아온 척만 하고, 진심으로 돌아오지는 않았다. 나 주의 말이다." 주께서 또 나에게 말씀하셨다. "비록 이스라엘이 나를 배신하였다고 하지만, 신실하지 못한 유다보다는 낫다. 너는 북쪽으로 가서, 이 모든 말을 선포하여라. 배신한 이스라엘아, 돌아오너라! 나 주의 말이다. 내가 다시는 노한 얼굴로 너를 대하지 않겠다. 나는 자비로운 하나님이다. 나 주의 말이다. 내가 노를 영원히 품지는 않겠다"(렘 3:10-12).

나 주 하나님의 말이다. 그러므로 이스라엘 족속아, 나는 너희 각 사람이 한 일에 따라서 너희를 심판하겠다. 너희는 회개하고, 너희의 모든 범죄에서 떠나 돌이켜라. 그렇게 하면, 죄가 장애물이 되어 너희를 넘어뜨리는 일이 없을 것이다(겔 18:30).

그런 다음에야 이스라엘 자손이 돌이켜서, 주 저희의 하나님을 찾으며, 저희의 왕 다윗을 찾을 것이다. 마지막 날에는 이스라엘 자손이 떨면서 주 앞에 나아가, 주께서 주시는 선물을 받을 것이다(호 3:5).

세례 요한 또한 다음과 같이 회개를 선포하고 있다.

〈마태복음 3:6-8〉

6 자기들의 죄를 자백하고, 요단 강에서 그에게 세례를 받았다.

7 요한은 바리새파 사람과 사두개파 사람이 많이들 세례를 받으러
오는 것을 보고, 그들에게 말하였다. "독사의 자식들아, 누가 너희
에게 닥쳐올 징벌을 피하라고 일러주더냐?"

8 회개에 알맞는 열매를 맺어라.

예언서에서 '회개하다'는 이스라엘의 포로 생활을 종식시키고 약속
의 땅으로 귀환시키실 야웨께로 돌아온다는 의미로 사용되었다. 이스
라엘이 전심으로 회개하고 하나님께로 돌아오는 것이 포로에서 해방
될 수 있는 결정적인 조건인 것이다. 세례 요한의 선포 역시 같은 맥락
에서 이루어졌다. 이를 통해 자신들이 여전히 포로 생활을 하고 있다고
생각한 1세기 유대인들에게 '회개'의 실천은 유대인의 해방과 하나님
나라 회복을 위해 매우 중요한 일이었음을 알 수 있다. 또한 이는 사도
들이 전한 복음에서도 잘 나타난다.

나는 유대 사람에게나 그리스 사람에게나 똑같이, 회개하고 하나님께로 돌
아와야 하고, 우리 주 예수를 믿어야 한다고 증언하였습니다(행 20:21).

바울 역시 같은 형식의 초대를 하고 있는 것으로 나타난다.

먼저 다마스쿠스와 예루살렘에 있는 사람들에게, 다음으로 온 유대 지방 사람들에게, 나아가서는 이방 사람들에게, 회개하고 하나님께로 돌아와서, 회개에 합당한 일을 하라고 전하였습니다(행 26:20).

그렇다면 무엇을 회개해야 하는가? 첫째는 우상숭배를 회개하고 하나님께로 돌아서야 하고, 둘째는 개인의 도덕적 문제에 대해 회개해야 한다.

NOTE

예수와 세례 요한 그리고 바울은 개인의 도덕적 문제를 넘어서 합당한 열매까지를 말하고 있다.

예수
나는 포도나무요, 너희는 가지다. 사람이 내 안에 머물러 있고, 내가 그 사람 안에 머물러 있으면, 그는 많은 열매를 맺는다. 너희는 나를 떠나서는 아무것도 할 수 없다(요 15:5).

세례 요한
회개에 알맞는 열매를 맺어라(마 3:8).

바울

먼저 다마스쿠스와 예루살렘에 있는 사람들에게, 다음으로 온 유대 지방 사람들에게, 나아가서는 이방 사람들에게, 회개하고 하나님께로 돌아와서, **회개에 합당한 일**을 하라고 전하였습니다(행 26:20).

하나님이 우리에게 원하시는 '회개'는 단순히 종교적으로 그분께 돌아가는 것만을 의미하지 않는다. 그분은 우리에게 도덕적 '회심'을 요구하신다. 또한 사도 바울은 옛 사람을 벗어버리고 새 사람을 입을 것과 새 사람에 합당한 열매를 맺는 것에 대해 말하고 있다.

〈에베소서 4:25-32〉

25 그러므로 여러분은 **거짓을 버리고**, 각각 자기 이웃과 더불어 **참된 말을 하십시오**. 그것은 우리가 서로 한 몸의 지체들이기 때문입니다.

26 화를 내더라도 **죄는 짓지 마십시오**. 해가 지도록 **노여움을 품고 있지 마십시오**.

27 악마에게 틈을 주지 마십시오.

28 도둑질을 하는 사람은 다시는 **도둑질을 하지 말고**, 수고를 하여, 제 손으로 떳떳하게 벌이를 하십시오. 그리하여 오히려 **궁핍한 사람들에게 나누어 줄 것이 있도록** 하십시오.

29 **나쁜 말은 입 밖에 내지 말고**, 덕을 세우는 데에 필요한 말이

있으면 적절한 때에 해서, 듣는 사람에게 은혜를 끼치게 하십
시오.
30 하나님의 성령을 슬프게 하지 마십시오. 성령 안에서 여러분
은 구속의 날을 대비해서 인치심을 받았습니다.
31 모든 악독과 격정과 분노와 소란과 욕설은, 모든 악의와 함께
내버리십시오.
32 서로 친절히 하며, 불쌍히 여기며, 하나님께서 그리스도 안에
서 여러분을 용서하신 것같이, 서로 용서하십시오.

1세기 유대인들에게 회개의 목적은 '포로 생활에서의 해방'이었다.
초대 교회 역시 회개를 강조했다. 그러나 그 회개는 단순한 '포로 생활
의 해방'을 넘어선 것이었다.

"그들의 눈을 열어 주고, 그들이 어둠에서 빛으로, **사탄의 세력에서 하나
님께로 돌아오게 하고, 또 그들이 죄 사함을 받아서**, 나를 믿는 믿음으로
거룩하게 된 사람들 가운데 들게 하려는 것이다' 하고 말씀하셨습니다"(행
26:18).

이렇듯 초대 교회는 궁극적인 해방이라고 할 수 있는 죄와 사탄의 세
력으로부터의 해방을 위해 회개를 선포했다. 또한 이 회개는 성전에 가

서 제사를 드리는 방식을 넘어선 것이었다. 예수는 자신을 대속물로 삼아 "죄 사함을 얻게 하려고" 언약의 피를 흘리심으로써 사람들을 위한 구원의 길을 여셨다. 그렇다면 사람들이 할 일은 무엇인가? 그것은 예수의 십자가 죽음과 부활을 믿음으로 수납하고 세례를 받음으로써 자신의 죄를 뉘우치고 회개에 합당한 열매를 맺는 것이다. 앞서 '언약'의 그림에서 살펴보았듯이 계명은 하나님과의 관계에서 주어지는 것이며, 계명을 지키는 것은 그것을 지키는 자의 '정체성'을 말해준다. 이와 마찬가지로 회개를 실천하는 것은 회개하는 자의 정체성을 규정지어준다.

2) 믿음

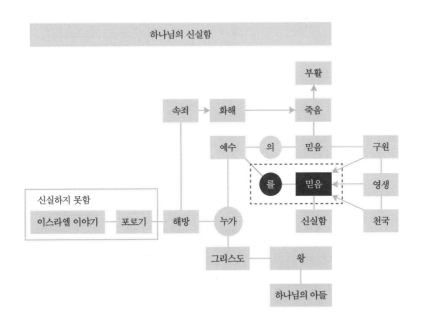

죄를 회개하는 것이 구원을 위한 충분조건은 아니다. 예수는 "때가 찼다. 하나님의 나라가 가까이 왔다. 회개하여라. **복음을 믿어라**"(막 1:15)라는 말씀을 통해 회개뿐 아니라 '믿음'도 요구하고 있다. 우리는 앞서 '회개'가 하나님 나라 이야기의 연장선상에서 이해되어야 하고, 그 이야기는 포로기의 해방으로 이어진다는 것, 그리고 1세기 유대인에게 '회개'는 포로 생활에서의 해방을 위해 반드시 필요한 실천적 요소라는 점을 살펴보았다. '믿음' 또한 같은 맥락에서 이해된다. 적어도 1세기 유대인들에게 믿음은 현대 세계에서의 믿음에 대한 이해처럼 종교적 체험 등의 개념과는 거리가 멀었다.[64] 믿음은 회개와 마찬가지로 포로 생활의 고난과 위기에서 이스라엘을 건져줄 중요한 실천적 과제였다.

'믿음'에 대해 살펴보기 전에, 1세기 유대인들이 견지한 회복의 세계관을 형성하는 데 중요한 역할을 한 예언서에서는 '믿음'이 어떠한 맥락으로 사용되었는지 알아보자.

그러므로 주 하나님께서 이렇게 말씀하신다. "내가 시온에 주춧돌을 놓는다. 얼마나 견고한지 시험하여 본 돌이다. 이 귀한 돌을 모퉁이에 놓아서 기초를 튼튼히 세울 것이니, 이것을 의지하는 사람은 불안하지 않을 것이다"(사 28:16).

마음이 한껏 부푼 교만한 자를 보아라. 그는 정직하지 못하다. 그러나 의인은 믿음으로 산다(합 2:4).

이사야 28:16의 말씀에서 '믿음'은 심판의 때에 이스라엘을 구별하는 표지가 된다. 하박국 2:4 또한 신실한 하나님에 대한 '믿음'을 가진 자는 "산다"고 말한다. 이것은 포로기를 살아가는 백성이 지녀야 할 자세이자 회복된 백성의 특징이라고 볼 수 있으며, 이는 앞서 살펴본 '회개'의 개념과 크게 다르지 않다. '믿음'은 1세기 유대인들에게는 '회개'와 마찬가지로 포로 생활을 겪고 있는 백성에게 해방을 가져다줄 중요한 표지이자 실천적 과제였다.

그렇다면 무엇을 믿으라는 요청인가?

A. 하나님의 신실함
 : 이스라엘의 하나님이 반드시 구원하신다는 믿음

B. 하나님의 신실하신 구원 계획이 궁극적으로 예수의 사역 속에서 활동하고 계시다는 것을 믿음
 : 예수가 하나님의 구원 계획에서 결정적인 메시아라는 것
 : 결정적인 승리의 사건이 예수의 죽음으로 이루어진다는 것

초기 기독교 공동체에서 '믿음'은 예수에 대해 공적으로 고백하는 것이며(마 10:32-33) 그분을 사랑하는 것이다(마 10:37). 또한 예수의 제자로서 자신의 십자가를 지고 그분을 따르는 것이다(마 16:24-27). 성경의 전체 줄거리에서 '믿음'이란 예수 그리스도의 신실하심으로 우리를 구원으로 초청하는 것이다. 또한 우리가 그 초청에 믿음(신실함)으로 응

답하는 것이다. 우리가 하나님 나라 백성으로 참여하는 데 필요한 것은 믿음뿐이다. 하나님의 통치를 받는 백성은 예수가 곧 하나님이시자 하나님의 아들이심을, 그리고 우리의 구원자이심을 믿는 자여야 한다. 하지만 여기서 잊지 말아야 할 것이 하나 있다. 인간의 믿음과 회개가 아무리 중요하다 할지라도 우리에게 구원을 주신 것은 하나님의 일방적인 은혜라는 사실이다.

지금까지 살펴본 대로 구원에 대한 하나님의 원대한 계획은 매우 복잡하고 거대하다. 여기서 중요한 것은 하나님 나라의 회복의 관점에서 인류 구원의 목적과 이유를 파악하는 것이다. 이러한 관점에서 '복음'은 하나님 나라의 회복에 대한 소식이라고 볼 수 있다. 즉 '복음'은 예수의 십자가 사건을 통해 인류를 하나님과 화해시킨 사건이며, 이를 통해 인류를 의롭다 하시고 양자 삼아주심으로 하나님 나라 회복에 동참케 하는 역할을 맡겨주시는 것이다(갈 3:26).

라. 믿음의 효과

에덴에서 금지된 선악과를 따먹음으로 하나님의 통치를 거부한 인간은 하나님 나라의 파괴를 가져왔다. 하나님 나라의 파괴는 곧 하나님과의 관계 단절로 이어진다. 하나님 나라는 하나님의 통치와 인간의 순종의 질서로 연결된 구조이기 때문이다. 하나님의 통치를 거부한 인간은 유죄 선언을 받게 된다. 하지만 하나님께서는 예수를 통해 회복의 은혜를 주신 것을 믿는 자에게는 무죄를 선언해주시고, 하나님과 올바른 관계를 회복할 수 있도록 하신다. 이러한 선언을 받은 자를 우리는 '의인'이라 말한다.

우리는 또한 그리스도로 말미암아 지금 서 있는 이 은혜의 자리에 믿음으로 나아왔고, 하나님의 영광의 자리에 참여할 소망을 품고 자랑을 합니다 (롬 5:2).

'의인'은 하나님과의 바른 관계 속에 서 있는 자를 말한다. 또한 '의인'은 사탄의 나라에서 해방되어 예수 그리스도가 통치하는 나라로 옮겨진 자를 말한다. 다른 말로 하면 '의인'은 하나님의 자녀로 입양되었음을 의미한다.

그래서 빛 가운데 있는 성도들이 받을 상속의 몫을 차지할 자격을 여러분에게 주신 아버지께 감사를 드리게 되기를 바랍니다. 아버지께서 우리를 암흑의 권세에서 건져 내셔서 자기의 사랑하는 아들의 나라로 옮기셨습니다(골 1:12-13).

마. 하나님과의 바른 관계를 어떻게 유지하는가?

1) 인간의 신실함

성경은 믿음으로 '의롭게 됨'을 받은 자는 하나님과 올바른 관계에 (지속적으로) 서 있도록 노력하라고 말한다. 요한복음은 하나님 안에 거하는 것은 그의 계명을 지키는 것이라고 말한다. 이것은 구약성경에서도 일관되게 나타나는 사상으로, 하나님과의 올바른 언약적 관계 속에 머무르는 것은 율법을 지킴으로써 가능하다. 하나님과의 바른 관계는 하나님에 대한 신실함으로써 유지될 수 있다.

그러므로 서 있다고 생각하는 사람은 넘어지지 않도록 조심하십시오(고전 10:12).

그러므로 사랑하고 사모하는 나의 형제자매 여러분, 나의 기쁨이요 나의 면류관인 사랑하는 여러분, 이와 같이 주님 안에서 든든히 서십시오(빌 4:1).

여러분이 주님 안에 굳게 서 있으면, 이제 우리가 살아 있는 셈이기 때문입니다(살전 3:8).

너희가 나의 계명을 지키면, 나의 사랑 안에 머물러 있을 것이다. 그것은 마치 내가 나의 아버지의 계명을 지켜서 그 사랑 안에 머물러 있는 것과 같다(요 15:10).

지금 우리는 '이미'와 '아직'의 중간기에 살고 있다. 사탄의 통치는 이 세상에서 여전히 하나님의 통치와 공존하고 있다. 하나님의 주권 아래로 옮겨간 그리스도인들이 여전히 사탄에게 굴종하는 '육적'인 삶을 살고 있는 것이 우리가 직면한 현실이다. 이 영역은 전쟁터와 다름없다. 그러므로 언제나 하나님의 주권에 순종할 수 있도록 우리 자신을 끊임없이 훈련시켜야 한다. 그래야 삶의 영역에서 또 내면의 영역에서 끊임없이 벌어지는 싸움에서 승리할 수 있다.

NOTE

우리는 교회 안에서 다른 신자를 가리켜 종종 "저 사람은 세상적인 사람이다"라고 말하는 것을 듣는다. 불신자를 보고 '세상에 속한 자', '세상적인 사람', '육적인 사람'이라고 하는 것처럼 말이다. 곧 교회 안에서 세상적인 모습을 간직한 채 신앙을 명목상으로만 유지하는 사람을 우리는 세상적인 사람이라 부르며 심지어 아직 구원받지 못한 자로 여기기까지 한다. 많은 그리스도인들이 이러한 판단을 하게 된 것은 고린도전서 3:1-3에 나오는 '육적인 그리스도인'인 '사르키노스'(σαρκίνος)를 '비그리스도인'인 '프쉬키코스'(ψυχικός)와 혼동하여 사용하고 있기 때문이다.

고린도전서 2장과 3장은 사람을 세 종류로 구분한다. '신령한 자', '육에 속한 사람', '자연에 속한 사람'이 바로 그것이다. 첫 번째로 '신령한 자'는 그리스도인 중에서 성숙한 사람을 의미한다. 그리스도인은 '신령한 자', 즉 하나님의 영을 받은 자다(2:12). 두 번째로 '육에 속한 사람'은 미숙한 그리스도인을 의미한다. 고린도 교인들은 '육신에 속한 사람'으로서 육신을 따라 살았다. 세 번째로 '자연에 속한 사람'은 비그리스도인을 말한다. 그리스도 밖의 사람은 '비영적인 사람', 곧 '자연에 속한 사람'으로(2:14) 하나님의 진리를 미련하게 보고 받아들이지 않는 자연인이다.

바울은 그리스도인 중에 신령한 자처럼 사는 이가 있는 반면 '육에 속한 사람'들처럼 사는 이가 있다고 말한다. 이는 우리에게 교회 안에 성숙한 그리스도인과 아직 어린아이와 같이 미성숙한 그리스도인이 함께 있음을 알려주고 있다. 그러므로 성숙하지 못한 그리스도인과 그들의 삶의 모습을 함부로 정죄하는 태도는 지양해야 한다. 바울은 성숙하지 못한 고린도 교인들에게 다음과 같이 말하고 있다.

형제자매 여러분, 나는 영에 속한 사람에게 말하듯이 여러분에게 할 수 없어서, 육에 속한 사람, 곧 그리스도 안에서 어린 아이와 같은 사람에게 말하듯이 하였습니다. 나는 여러분에게 젖을 먹였을 뿐, 단단한 음식을 먹이지 않았습니다. 그 때에는 여러분이 단단한 음식을 감당할 수 없었습니다. 사실 지금도 여러분은 그것을 감당할 수 없습니다(고전 3:1-2).

2) 하나님의 신실함

과연 인간의 행위를 통해 하나님과 올바른 관계를 끝까지 유지할 수 있을까? 이 질문에 자신 있게 대답할 수 있는 사람은 아무도 없을 것이다. 구약성경은 인간의 행위로 하나님과 올바른 관계를 유지할 수 있다는 이러한 믿음이 계속해서 실패했음을 보여주고 있다. 우리 자신의 삶의 모습을 돌아보기만 해도 우리의 신실함이 하나님의 신실함에 비해 턱없이 부족하다는 것을 알 수 있다. 따라서 우리의 신실함에는 언제나 하나님의 은혜에 대한 의지가 있어야 한다. 하나님은 자신과 올바른 관계에 서 있는 자들을 최후 심판의 날까지 보존하시는 은혜를 베푸신다.

① 하나님의 은혜

그러나 우리가 아직 죄인으로 있을 때에, 그리스도께서는 우리를 위하여 죽으심으로써, 하나님께서 우리에게 주시는 사랑을 나타내셨습니다. 그러므로 지금 우리가 그리스도의 피로 의롭게 되었으니, 그리스도로 말미암아 하나님의 진노에서 구원을 받으리라는 것은 더욱 확실합니다(롬 5:8-9).

여러분을 부르셔서 그의 아들 우리 주 예수 그리스도와의 친교를 가지게 해주신 하나님은 신실하십니다(고전 1:9).

② 그리스도의 은혜

우리가 여러분을 사랑하는 것과 같이, 주께서 여러분끼리 서로 나누는 사랑과, 모든 사람에게 베푸는 여러분의 사랑을 풍성하게 하고, 넘치게 해주시기를 빕니다. 그래서 주께서 여러분의 마음을 굳세게 하셔서, 우리 주 예수께서 그분의 모든 성도들과 함께 오실 때에, 하나님 우리 아버지 앞에서 거룩함에 흠 잡힐 데가 없게 해주시기를 빕니다(살전 3:12-13).

③ 성령의 은혜

그러므로 그리스도 예수 안에 있는 사람들은 정죄를 받지 않습니다. 그것은, 그리스도 예수 안에서 생명을 누리게 하는 성령의 법이 여러분 각자를 죄와 죽음의 법에서 해방하여 주었기 때문입니다. 육신이 연약하므로, 율법이 할 수 없던 것을 하나님께서 하셨습니다. 곧 하나님께서는 죄를 속하여 주시려고, 자기의 아들을 죄된 육신을 지닌 모습으로 보내셔서, 육신에다 죄를 정하셨습니다. 그것은, 육신을 따라 살지 않고 성령을 따라 사는 우리에게서, 율법이 요구하는 바가 완성되게 하시려는 것입니다. 육신을 따라 사는 사람은 육신에 속한 것을 생각하나, 성령을 따라 사는 사람은 성령에 속한 것을 생각합니다. 육신에 속한 생각은 죽음입니다. 그러나 성령에 속한 생각은 생명과 평화입니다. 육신에 속한 생각은 하나님께 품는 적대감입니다. 그것은 하나님의 법을 따르지 않으며, 또 복종할 수도 없습니다. 육신에 매인 사람은 하나님을 기쁘시게 할 수 없습니다. 그러나 하나님의 영이 여러분 안에 살아 계시면, 여러분은 육신 안에 있지 않고, 성령 안에 있습니다. 누구든지 그리스도의 영이 없으면, 그리스도의 사람이 아닙니다. 또한 그리스도께서 여러분 안에 살아 계시면, 여러분의 몸은 죄 때문에 죽은 것이지만, 영은 의 때문에 생명을 얻습니다. 예수를 죽은 사람들 가운데서 살리신 분의 영이 여러분 안에 살고 계시면, 그리스도를 죽은 사람들 가운데서 살리신 분께서, 여러분 안에 계신 자기의 영으로 여러분의 죽을 몸도 살리실 것입니다. 그러므로 형제자매 여러분, 우리는 육신을 따라 살도록, 육신에 빚을 진 사람이 아닙니다. 여러분이 육신을 따라 살면, 죽을 것입니다. 그러나 여러분이 성령으로 몸의 행실을 죽이면, 살 것입니다(롬 8:1-17).

그러므로 나의 사랑하는 여러분, 여러분이 언제나 순종한 대로, 내가 함께 있을 때뿐만 아니라, 지금과 같이 내가 없을 때에도 더욱더 순종하여서, 두렵고 떨리는 마음으로 자기의 구원을 이루어 나가십시오. 하나님께서는 여러분 안에서 활동하셔서, 여러분으로 하여금 하나님을 기쁘시게 할 것을 염원하고, 실천하게 하시는 분이십니다(빌 2:12-13).

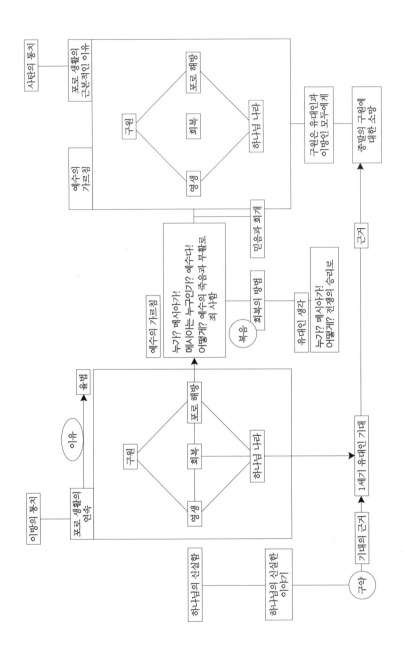

바. 종합

복음을 이해하기 위해 알아야 할 배경

복음이란 무엇인가?

1) 구원, 영생, 하나님 나라의 도래, 포로 해방

2) 1세기 유대인에게 '구원＝영생＝하나님 통치의 도래＝포로 해방' 은 동일시되는 개념이다.

3) 1세기 유대인들의 상황은 포로기의 연속이었다. 그들에게 구원은 곧 해방이며, 로마(이방인)의 통치가 아닌 하나님의 통치의 도래를 의미했다.

4) 그렇다면 누가 이스라엘에 해방을 가져다줄 것인가? 하나님이 보내신 왕, 메시아(그리스도)가 우리를 해방시킬 것이다.

5) 해방에 대한 1세기 유대인들의 소망과 왕에 대한 기대는 하나님의 신실한 이야기(구약)에 기초했다.

6) 예수는 1세기 유대인들의 이러한 기대 속에 나타난 '메시아'(구원자)다.

7) 그러나 예수는 1세기 유대인들이 품고 있던 메시아에 대한 기대와는 다른 방식으로 구원을 가져다줄 것임을 선포하고 그대로 행했다.

8) 예수가 구원을 가져온 방식은 바로 자신의 죽음이었다. 예수의 죽음은 이스라엘을 대표한 속죄(죄 사함)를 의미했다(1세기 유대인들

에게 죄 사함은 포로의 해방을 의미했다).

9) 1세기 유대인들과 예수의 제자들은 자신들이 가지고 있던 메시아 상과 다른 예수의 죽음을 이해하지 못했다. 실제로 예수의 죽음이 로마로부터의 해방을 가져다주지 못했기 때문이다. 또한 예수의 죽음은 유대인들의 율법의 기준으로 본다면 저주받은 죽음에 해당되었다.

10) 그러나 예수가 의도한 속죄의 죽음은 사탄으로부터의 해방을 의미했다. 이것은 인류가 겪고 있는 근본적인 문제로부터의 해방이자, 진정한 의미의 해방이다.

11) 예수를 따르던 제자들은 1세기 유대인들과 마찬가지로 예수의 죽음에 실망했다. 그러나 그의 부활을 목격한 뒤 예수가 가르친 복음과 그가 메시아라는 사실을 믿게 된다.

12) 부활은 하나님이 죽은 예수를 살리신 사건이다. 그렇기에 예수의 부활을 목격한 제자들은 이 사건을 하나님이 '예수의 선포'를 옳다고 인정하신 것으로 기억하게 된다.

13) 예수의 제자들은 예수가 '그리스도'라는 사실과 그의 죽음과 부활을 복음으로 전했다. 그리고 이 사실은 유대인이나 이방인 모두가 혈통이 아닌 오직 '믿음'과 '회개'로 예수의 '제자', 하나님의 '백성', 아브라함의 '자손' 하나님의 '자녀'가 될 수 있음을 의미한다.

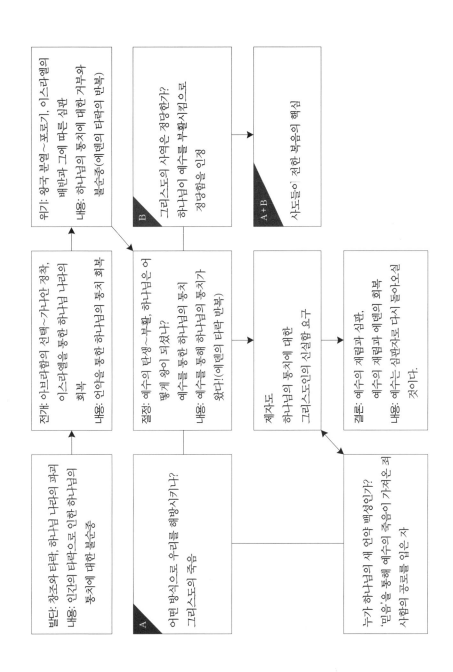

앞서 살펴본 우리의 복음 전도 방식은 신약성경의 범위 내에서 전개된 것이다. 그러나 복음 전도에서 구약의 이야기를 빼놓으면 안 된다. 그 이유는 '1세기 유대인들은 왜 포로가 되었는가?'에 대해 명확한 답을 내리지 못하고서는 복음이 전달된 배경을 설명하기 어렵기 때문이다.

현대의 복음 전도에는 1세기 유대인들에게 복음이 전달되었던 때의 현장감이 사라지고, 이방인이 잘 알지 못했던 구약의 이야기는 배제되어 있다. 오직 '죄'의 문제만을 부각시킨 다음, 그 죄의 문제를 해결하는 것으로 결론짓기 급급하다. 아담과 하와의 원죄 문제에서 시작해 예수의 죽음을 통한 죄 문제의 해결로 마무리 짓는 이러한 복음 전도는 이스라엘의 구속 역사를 배제하거나 간단히 뛰어넘는다.

하지만 우리가 복음을 이스라엘의 구원 역사로 이해하면서 전달한다면, 복음을 듣는 이들은 복음에 대해 더 풍성히 이해하게 될 것이다. 그러므로 앞장의 복음 전도 도식처럼 발단→전개→위기의 단계를 천천히 밟아가며 복음을 전달할 필요가 있다. 이 방식은 역사적 이해라고하는 지평 속에서 복음이 전달되게 하는 동시에 자연스럽게 인류의 궁극적인 문제라고 할 수 있는 '죄' 문제의 해결이란 결론에 도달하게 한다. 그리하여 하나님 나라의 거대한 이야기 안에서 인류의 '구원'의 의미를 파악할 수 있게 되는 것이다. 이러한 복음 전도는 하나님의 구원의 이야기를 깨닫게 함으로써 우리가 살아가는 목적과 이유, 그리고 사명을 깨닫게 한다.

물론 이런 방식은 시간과 에너지를 많이 필요로 한다. 교회의 빠른 양적 성장 역시 기대하기 힘들다. 그러나 베드로의 신앙고백 위에[65] 교회가 세워질 것이라는 예수의 말씀처럼, 복음을 올바로 깨닫고서 예수를 '왕' 혹은 교회의 머리라고 고백하는[66] 신앙 위에 참된 교회가 세워져서, 그곳에 성령을 통한 그리스도의 통치가 온전히 임하길 기대해본다.

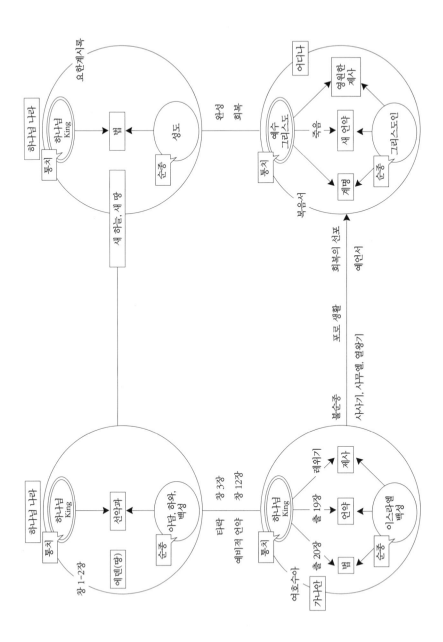

하나님 나라 이야기 요약

1. 하나님 나라의 시작

창조는 하나님 나라의 시작과 원형을 보여준다. 우리는 창세기 1-2장을 통해 하나님 나라의 원리와 원형을 찾을 수 있다. 하나님 나라는 왕(하나님), 백성(아담, 하와), 땅(에덴), 법(선악과 금지)으로 구성되며 백성은 왕을 의지하고 신뢰한다. 또한 백성들은 그의 명령에 순종하며 하나님 나라를 다스리는 대리자의 역할을 감당한다. 이는 이상적인 하나님 나라의 모습을 보여준다.

2. 하나님 나라의 파괴

이상적인 하나님 나라는 인간의 타락으로 훼손되고 파괴된다. 아담과 하와의 타락은 창조주가 되려는 인간의 탐욕을 보여주는 사건이다. 이는 누군가의 도움 없이 스스로의 삶을 선택하려는 인간의 욕망과 하나님의 통치를 거부하는 모습을 보여준다. 결국 인간은 하나님 나라에서 쫓겨난다 .

3. 죄의 확장

인간의 죄는 끝없이 확장되어 더욱 심한 죄로 물들어간다. 이러한 인간의 모습에 하나님은 홍수의 심판을 내리지만, 유일한 희망이었던 노아마저 다시 죄를 짓고 만다. 그리고 그 절정에는 노아의 후손이 자신들을 위해 쌓아 올린 바벨탑이 있다.

4. 하나님 나라의 재건 시작

하나님은 자신을 배반하고 자신들의 힘으로 하늘까지 닿으려 한 인간을 버리지 않으시고 하나님 나라의 회복을 위한 첫걸음을 내딛으신다. 그것은 바로 아브라함의 선택과 언약이다. 하나님은 아브라함을 택하셔서 그에게 하나님 나라를 약속하신다.

5. 언약의 성취

하나님은 아브라함에게 약속하신 하나님 나라를 아브라함의 자손을 통해 실현하신다. 그리고 시내 산 언약식을 통해 아브라함의 자손에게 율법을 주시고 '왕(하나님)과 백성의 관계'를 그들과 맺으신다. 그리고 하나님은 은혜를 베푸셔서 그들이 가나안 땅을 얻게 하신다. 또 하나님의 성전에서 그들을 다스리시며 그들과 함께 하신다.

6. 하나님 나라의 재건

하나님은 이스라엘 백성에게 율법을 주시고 하나님과의 관계를 유지할 수 있도록 하셨다. 또한 용서의 방편으로 '제사'를 주셨다. 왕의 통치에 순종하고 그를 신뢰함으로써 하나님 나라를 유지하고 확장하는 것이 바로 하나님이 이스라엘 백성에게 주신 역할이었다.

7. 또 다시 시작된 타락

재건된 하나님 나라는 오래가지 못했다. 이스라엘 백성은 하나님이 아닌 인간 왕을 세우길 원했고 우상을 섬기며 하나님을 다시 배반한다. 하나님은 이스라엘 백성을 징계와 회복으로 이끄시지만 이스라엘 백성의 끝없는 타락은 결국 그들을 바벨론 포로의 현장으로 쫓겨나게 한다.

8. 이스라엘 백성의 기대

바벨론 포로지에서 이스라엘 백성은 하나님 나라의 회복을 기대하며 예언자의 선포에 귀를 기울였다. 그들은 이스라엘의 하나님은 언약을 성취하실 것이며, 하나님 나라의 질서가 회복되는 결정적인 때가 곧 이를 것이라 기대했다. 그리고 이러한 기대는 자연스럽게 '그 회복이 어떠한 방식으로, 누구에 의해 이루어질 것인가?' 하는 질문으로 연결되었다.

9. 하나님 나라의 회복과 완성

하나님의 신실하심은 새 언약을 통해 하나님 나라를 재건한다. 그러나 하나님은 이스라엘 백성의 기대와는 완전히 다른 방식으로 뜻을 이루신다. 하나님은 어떻게 왕의 자리로 복귀(통치)하실까? 그 복귀는 하나님의 아들 예수를 통해 이루어진다. 예수는 하나님의 아들이자 곧 하나님이시다. 그는 이 땅에 오셔서 12제자를 뽑음으로써 12지파의 회복을 이루고, 성전을 자신으로 대체하신다. 또한 예수는 인간과 하나님의 관계를 회복시키는 언약적 죽음을 통해 인간을 속죄하신다. 그러나 예수는 죽음에 머물지 않고 다시 부활하심으로 자신의 의로움을 증명하신다. 예수는 하늘로 승천하여 하늘과 땅을 통치하시고 다시 이 땅에 오셔서 하나님 나라를 완성하실 것이다.

10. 새 언약 안에서의 하나님 나라의 모습

새 언약을 통한 하나님 나라의 모습은 하나님의 대리 통치자인 예수가 왕이 되시고 그를 믿는 자, 곧 그의 통치를 받는 자는 백성이 되는 것이다. 그의 통치를 받는 땅은 어느 곳이든 하나님 나라가 된다. 또한 율법은 예수의 계명으로 대치되며, 우리의 죄는 예수의 죽음으로 드려진 영원한 제사로 용서받는다.

11. 성경은 우리에게 무엇을 말하는가?

성경은 우리의 기대대로 구원을 가져다주는 책이 분명하다. 그러나 성경은 영혼 구원이 최종 목적지가 아님을 말해주고 있다. 성경의 최종 목적은 하나님 나라의 회복과 완성이다. 하나님 나라의 타락이 인간으로 시작되었다면 회복 또한 인간에게서 시작된다. 그렇기에 인간의 구원이 성경에서 가장 중요한 주제가 되는 것이다. 우리는 아담을 따르는 삶을 버리고 하나님의 통치를 받으며 예수의 계명에 순종하는 삶을 통해 하나님 나라 회복의 도구로서의 역할을 해야 한다. 성경은 마지막 날의 심판을 통해 하나님 나라가 완성될 것이라고 말한다.

구약성서의 위기와 구약의 복음

임시영 박사(하이델베르크 대학교 구약학)

구약성서의 위기와 도전

교회의 역사 안에서 구약성서의 권위와 가치는 그것에 대한 우리의 인지 여부와 상관없이 항상 도전받아왔고 또한 도전받고 있다. 구약성서의 하나님과 신약성서의 하나님은 진정 동일한 하나님일 수 있는가? 이러한 질문은 이미 기독교 초기의 마르키온 사상에서 발견된다. 신구약 안에서의 하나님에 대한 구분된 이해는 결국 구약성서와 신약성서를 각각 다른 하나님에 대한 상을 갖고 있는 별개의 문서로 만들어버렸다. 그리고 이러한 이해를 따른다면 신약의 시대를 사는 우리들에게 구약성서는 더 이상 가치가 없는 책으로 치부됨이 마땅해진다.

그럼 마르키온 같은 그릇된 사상 안에서만 구약성서는 도전을 받아왔는가? 그리스도 예수를 신앙의 중심에 둔 초대교회로부터 지속적으로 구약성서는 신약성서의 중심이 되는 복음 곧 그리스도를 이해하기 위한 알레고리와 모형론 형성의 재료가 되었다. 즉 구약성서는 스스로 아무것도 말해줄 수 없으며, 단지 신약과의 관계를 통해서만 의미를 지닌 책이 된 것이다. 좋은 의미에서 구약은 예언이고 신약은 성취이며, 구약은 그림자이고 신약은 실체라 말할 수 있지만 결국에는 구약은 신약의 성취와 실체 앞에서 상대적으로 불필요한 것이 되고 말았다. 아니면 적어도 예수와 관계 있는 구약성서의 본문에 한해서만 구약성서의 가치가 인정된 것이라 볼 수 있다.

성서의 권위가 교회의 권위 아래 굴복된 중세시대를 지나 개혁자들은 교회의 권위를 해체하고 성서의 권위 아래로 돌아가려고 노력했다. 그들은 오직 성서의 권위를 인정하고, 객관적인 접근 방식을 통해 성서의 문자적이며 역사적인 의미를 파악하고자 했다. 그러나 이러한 시도의 이면에는 재세례파나 16세기 말경에 등장한 소키누스주의 같은 어두운 면이 공존한다. 개혁자들이 사용한 동일한 방법론과 전제 아래서 구약성서는 이들에게 단지 유대인들을 위한 책이거나 역사적인 흥밋거리일 뿐이었다. 그러므로 구약성서는 이들의 주장에 따라 더 이상 교회의 권위 있는 책일 수 없으며, 기독교 교리에 있어서 필수적이지도 않게 되었다.

여기서 우리는 다시 질문해보아야 한다. 구약성서의 위기는 과거사인가? 아니면 진행형인가? 만약 여전히 신약성서의 사건들을 위한 일개 증빙문서로서 구약성서를 취급하고 있다면, 구약성서에 등장하는 하나님이 신약성서의 사랑의 하나님과 구분되고 있다면, 초기 기독교와 중세 스콜라 학자들처럼 구약에서 신약을 위한 알레고리와 모형론

만 찾아낼 뿐이라면, 또는 구약성서를 통해 오늘날 우리는 무엇을 행해야 하는지에 관한 도덕적이고 교훈적인 의미만 추구하고 있다면, 그것도 아니면 구약성서를 인간 역사의 일반적 흐름을 파악하기 위한 교본으로 사용하고 있다면 구약은 오늘날도 여전히 우리의 삶 속에서 그 자신의 진정한 가치와 권위를 잃은 채 사용되고 있는 것이다.

한국교회 강단의 설교에서 구약성서 본문의 사용빈도와 사용되는 구약성서의 본문의 자리들에 대한 객관적인 데이터나 자료가 없이도 누구나 동의할 만한 결론을 제시할 수 있다. 구약성서 본문의 사용빈도는 상대적으로 낮을 것이고, 구약성서 본문의 선택은 다분히 제한적일 것이다. 예를 든다면 신약과의 연결이 용이한 경우의 본문이거나, 특히 예수를 예표하거나 예언하는 것으로 보이는 본문이나 종교적 헌신과 관련된 본문, 또는 복과 관련된 본문들이다.

이러한 제한적인 구약성서의 사용은 무엇을 의미하는가? 구약성서는 이미 우리들의 교회에서 부차적인 것이거나, 적어도 신약성서의 권위보다는 아래에 있는 '오래된' 것일 뿐이다.

우리의 본질적인 질문으로 돌아가 보자. 구약성서는 오늘날 우리들을 위한 메시지를 가지고 있는가? 이 질문에 대한 답을 찾기 위해 우리는 먼저 구약성서 안에서 우리가 무엇을 믿고, 무엇을 행하며, 어디로 갈 것인지에 대한 논의를 내려놓아야 한다. 그리고 신약성서의 가치 및 권위와 평행선상에서 구약성서에 내재된 복음을 찾아내야 한다. 이 것은 신약성서에 비추어 찾아지는 복음의 그림자를 의미하는 것이 아니다. 신약성서에 종속된 복음이 아니라 신약성서의 복음과 동일한 무게를 가진 복음이 구약성서 내에서 찾아질 때 구약성서의 위기는 사라질 것이다. 또한 이것은 절대로 신약성서를 가리고 구약성서만을 보자는 의미가 아님을 알아야 한다. 이미 존재하는 신약성서를 배제한 상태에서 구약성서를 연구하려는 어떤 시도도 올바르다고 할 수 없다. 단지 제안하는 것은 구약성서를 신약성서와 동일한 무게 아래서 다루자는 것이고, 이 동일한 무게는 각각의 성서에 포함된 복음으로부터 발생하는 것으로 전제하자는 것이다.

구약성서가 오늘날 우리들을 위해 전하는 복음으로서의 창조와 성전

창세기 1:1로 시작해서 요한계시록 22:20-21로 종결되는 우리의 성경으로부터 시작해보자. '태초'로부터 시작된 성경은 '종말'로 종결된다. 신실한 그리스도인의 삶에서 요한계시록 22:20-21의 영향력은 뚜렷할 것이다. 현재와의 연속성 속에서 하나님의 성취로 말미암아 도래할 미래에 대한 기대와 소망은 모든 그리스도인들의 신앙에서 요체와도 같다. 그런데 창세기 1:1은 어떠한가? 그리스도인들의 삶에 창세기 1:1의 "태초에 하나님이 천지를 창조하시니라"라는 선포는 어떤 의미인가? 창조가 있어서 오늘날 내가 있다는 아주 전형적인 대답 말고, 실제로 창세기 1:1은 우리 그리스도인들의 삶의 정황에 어떤 영향력을 주고 있는가? 혹 '태초'라는 단어로 시작되는 이 구절은 지금 우리의 삶과 시간적으로 너무 멀리 떨어져 있어서 실제적으로 우리 몸에 와 닿지 않는 사문화된 선포는 아닌가? 어떻게 하면 성경의 종결이 우리의 현재 삶에 의미가 있듯이 성경의 시작도 우리의 현재 삶에 의미 있게 만들 수 있겠는가?

'태초'를 우리의 삶과 직접적으로 그리고 현재적으로 연결하는 방법은 이것을 시간의 개념으로 보지 않고 공간의 개념을 통해 이해하는 것이다. 자, 만약 우리가 이 '태초'를 시간의 개념이 아니라 공간의 개념으로 이해하면 어떻게 될까? 시간 개념 안에서 과거와 현재와 미래의 연결과 연속성은 직선적이다. 이러한 직선적인 연결은 과거가 현재의 근간인 면에서는 연관되지만 현재의 시점에서 과거는 무의미한 것이 되고 만다. 그러므로 시간의 개념 속에서 현재는 미래와만 강력한 결속을 가진다. 그러나 공간 개념을 통해 과거와 현재와 미래를 보게 된다면 과거와 현재와 미래는 공간 안에서 서로 구분되지 않는다. 공간 안에서는 시간의 직선적 흐름이 멈춘다. 이러한 개념적 사고의 도움으로 '태초'를 공간적으로 이해한다면, '태초'는 오늘날 우리의 현재와 매우 관련이 있는 것이 된다. 그럼 '태초'는 어떠한 형식으로 우리의 현재와 연결되는가?

태초 이전의 공간과 태초 이후의 공간의 현저한 차이는 창조에 있다. 그리고 창조는 하나님의 선포로 발생한다. 그러므로 태초 이전의 공간과 태초의 공간의 차이는 하나님의 말씀의 유무에 있다고 말할 수 있다. 이것으로부터 태초에 대한 공간적 이해의 정의가 발생한다. 태초는 '하나님의 의지가 말로 표현되는 공간'이다. 공간 개념 아래서 '하나님의 의지가 말로 표현되는 공간'이 태초라 정의할 때, 태초는 먼 과거의 시원의 사건일 뿐만 아니라 오늘날 우리의 공간에서 하나님의 의지가 말로 표현된다면, 지금이 또한 태초가 되며, 하나님의 의지가 말로 표현되는 미래의 어떤 공간도 태초가 된다. 그리고 하나님의 의지가 말로 표현된 공간은 창조로 채워진다. 만약 우리가 오늘날 우리의 삶의 공간을 하나님의 의지가 말로 표현되는 공간으로 삼을 수 있다면, 우리의 삶은 태초의 공간이 되고, 그곳은 또한 창조로 채워질 것이다.

그리고 창세기 1장에서 우리가 이미 보는 바와 같이 창조로 채워진 태초의 공간은 안식의 공간으로 이행한다. 이제까지의 개념 속에서 우리는 창조 6일 후의 하나님의 안식을 시간의 개념으로만 생각해왔다. 그러나 6일 간의 노동과 7일째의 안식이라는 순환하는 시간 개념을 통해서는 창세기 1장의 안식을 이해할 수 없다. 하나님의 안식은 노동과 쉼의 순환을 위한 안식이 아니라 창조의 완전함 때문에 발생한 창조의 종결 또는 멈춤이다. 이렇게 볼 때 안식은 '하루'의 개념이 아니라 완전한 창조에 따른 영속의 개념으로 봐야만 한다. 그러나 인간의 범죄는 영속적인 안식의 공간을 불완전하게 만들었고, 이 불완전함으로 말미암아 안식의 공간은 태초의 공간으로 역행되었다. 그리고 이 태초의 공간은 자신의 정의에 따라 위기를 맞았다. 본래 하나님의 의지가 말로 표현되었기에 정의된 태초의 공간에 인간의 의지가 말로 표현되기 시작했기 때문이다. 이것을 나는 '창조에의 간섭' 또는 '나도 하나님 범죄'라 부른다. 하나님의 의지가 말로 표현되는 공간인 태초의 뒤틀림은 태초 이전의 공간으로 더욱 역행될 가능성을 갖는다. 바로 혼돈과 공허의 공간이다.

정리하자면 하나님의 의지가 말로 표현되는 공간으로서의 태초는 창조로 채워지고, 창조로 채워진 공간은 안식의 공간으로 이행된다. 만약 이 안식의 공간을 종말 이후의 어떤 것으로 볼 수 있다면, 종말은 창조로 채워진 태초와 동일한 것이다. 아마도 이것에서 종말을 새창조 또는 재창조로 선포하는 성경 구절들이 이해될 수 있지 않을까? 이러한 개념 안에서 성경의 시작도 태초이고, 성경의 종결도 태초가 된다. 그럼 그 사이는 무엇이 있겠는가? 태초가 있어야만 한다.

만약 오늘날 우리의 삶에 하나님의 의지가 말로 표현되는 태초의 공간이 형성되고 창조가 그 가운데 가득 찬다면, 오늘날 우리 삶의 공간은 안식의 공간으로 이행되며, 이것은 곧 종말 이후의 안식을 이미 이곳에서 누리는 것이 될 것이다. 그래서 창세기 1:1의 말씀은 먼 과거, 언젠가 있었던 어떤 일이 아니라, 오늘날 우리가 우리 삶의 공간에서 다시 경험해야 할 실재적인 어떤 것이며, 이 경험의 연속성 속에서 우리의 미래의 약속인 요한계시록 22:20-21이 더욱 의미를 갖는 것이다. 그러므로 창세기 1:1은 우리를 태초로 초대하며, 태초를 살 것을 종용하며, 그래서 하나님의 의지가 말로 선포되고 그 결과로 우리의 삶이 창조로 가득 차며, 그래서 혼돈과 공허의 삶이 태초의 공간 안에서 창조로 말미암아 질서와 충만을 경험하며 결국에는 안식의 공간으로 우리의 삶이 이행되어올 것을 선포하고 있다.

성전은 이러한 창조로 가득 찬 태초의 공간을 품은 곳이다. 성전(성막)이 창조의 형상화일 수 있다는 논의는 이미 오래전부터 이어져왔다. 성전이 태초의 공간인 이유는 바로 그곳에 하나님의 의지의 선포가 가득 차 있기 때문이다. 성전이 무너진 포로기의 시기에 태초의 공간은 토라를 통해 외부적인 공간이 아닌 개개인의 삶의 공간으로 넘어들어 왔다. 하나님의 의지의 선포인 토라를 통해 개개인의 삶이 창조로 채워 질 태초의 공간, 곧 성전이 된 것이다.

1. Scot McKnight, 『예수 왕의 복음』(서울: 새물결플러스, 2014), p. 42.

2. N. T. Wright, 『톰 라이트, 칭의를 말하다』(평택: 에클레시아북스, 2011), p. 73.

3. Wright, 『톰 라이트, 칭의를 말하다』, p. 29.

4. Marcus J. Borg, 『그리스도교 신앙을 말하다』(서울: 비아[타임컨텐츠], 2013), p. 49-58.

5. 시 27:1; 31:2; 51:12; 54:1; 58:2, 69:29; 118:21.

6. Roland de Vaux, 『구약시대의 생활 풍습』(대한기독교서회, 1983), p. 54-55.

7. N. T. Wright, 『예수와 하나님의 승리』(고양: 크리스챤다이제스트, 2010), p. 321.

8. 더욱 자세한 논의는 다음을 참고하라. 양용의, 『하나님 나라 어떻게 이해할 것인가』(서울: 성서유니온선교회, 2005).

9. 양용의 교수는 많은 그리스도인들이 하늘나라/천국이라는 표현을 죽음 이후에 살게 될 공중에 위치한 공간적 영역으로 오해하는 이유를 두 가지로 설명한다. 첫째로 유대인들을 위해 완곡어법으로 사용된 '하늘'을 문자적 공중으로 오해했기 때문이며, 둘째로 나라 개념을 유대인들이 일반적으로 염두에 두고 있던 통치, 다스림 등의 의미가 아닌 영토, 영역과 같은 공간적 의미로 오해했기 때문이라는 것이다. 양용의, 『하나님 나라 어떻게 이해할 것인가』(서울: 성서유니온선교회), p. 26.

10. Wright, 『예수와 하나님의 승리』, p. 315.

11. Wright, 『예수와 하나님의 승리』, pp. 324-5.

12. 다음 인터넷 백과사전.

13. 요한복음에서 영생은 그 의미가 분명히 현재적이다.

14. Mekhilta Exod. 14, 31 "이 세상은 밤이다".

15. 막 9:43-47; 마 7:14.

16. 이에 대해 김세윤 교수는 "신적 생명을 얻음"으로 표현한다. 김세윤, 『칭의와 성화』(서울: 두란노서원, 2013).

17. 김득중, 『요한의 신학』(서울: 컨콜디아사, 1994), p. 325.

18. 송제근, 『오경과 구약의 언약신학』(서울: 두란노, 2003), p. 20.

19. D. A. Carson, G. K. Beale 편집, 『신약의 구약사용 주석: 누가 · 요한복음』(서울: 기독교문서선교회, 2012년).

20. 김세윤, 『요한복음 강해』(서울: 두란노, 2001), p.180.

21. James D. G. Dunn, 『바울 신학』(고양: 크리스챤다이제스트, 2003), p. 256.

22. Dunn, 『바울 신학』, p. 257.

23. N. T. Wright, 『로마서』(평택: 에클레시아북스, 2014), p. 39.

24. Wright, 『로마서』, p. 39.

25. David deSilva, 『신약개론』(서울: 기독교문서선교회, 2013), p .481.

26. F. F. Bruce, 『바울』(서울: 크리스챤다이제스트, 1992), p. 85.

27. Wright, 『톰 라이트, 칭의를 말하다』, p. 75.

28. Christopher Wright, 『(구약의 빛 아래서) 그리스도를 아는 지식』(서울: 성서유니온선교회, 2010). p. 42. C. H. Dodd, *The Apostolic Preaching and Its Develop-ments*: *With an Appendix on Eschatology and History* (Grand Rapids: Baker, 1980), p. 38. "랍비들이 구약성경을 해석하는 변치 않는 원리는 예언자들이 예언한 내용이 메시아의 날과 관련되어 있다는 것이었다. 말하자면 하나님께서 오랜 세월 동안 기다린 후에 심판과 복을 들고 자기 백성을 방문함으로써 그들과의 역사적인 관계를 클라이맥스로 끌어올리는 때와 관계가 있다고 본 것이었다."

29. 우리는 책의 주제에 맞추어 복음에 대한 내용 분석에 집중하려고 한다. 따라서 '이신칭의'에 대한 문제는 다루지 않는다.

30. 여기서 하나님의 의는 하나님 자신의 의가 된다. 이러한 해석은 하나님이 이스라엘과 맺은 언약에 대한 신실성을 강조한다. 여기서는 "이스라엘의 구원 약속에 대한 하나님의 '신실성'을 드러내는 것으로 읽을 수 있다. D. A. Carson, Peter Thomas O'Brien, and Mark A. Seifrid, *Justification and Variegated Nomism*, 2 vols.,

Wissenschaftliche Untersuchungen Zum Neuen Testament 2 Reihe (Grand Rapids, Mich.: Baker Academic, 2001), pp. 70-78.

31. '하나님으로부터 주어지는 의로운 신분'으로 해석할 수 있다.

32. 특히 시편과 이사야서에서 하나님의 의는 하나님의 언약적 성실성과 이스라엘을 구원하시는 하나님의 능력과 사랑을 말하고 있다.

33. 자세한 연구는 다음을 참고하라. Douglas J. Moo, 『NICNT 로마서』(서울: 솔로몬, 2011), pp. 116-121.

34. Moo, 『NICNT 로마서』, p. 125. 교부들은 율법에 대한 믿음으로부터 복음에 대한 믿음에 이를 수 있음을 이해했다. 여기서 분명한 점은 '믿음에'(for faith)를 덧붙인 것은 하나님과 올바른 관계를 맺게 할 수 있는 것은 믿음이고 "믿음 외에는 아무것도 없다"는 점을 강조하기 위해 위해서였다는 것이다.

35. 이민규, 『신앙, 그 오해와 진실』(서울: 새물결플러스: 2014), pp. 248-9.

36. Wright, 『로마서』, pp. 56-57.

37. Gordon McConville, 『선지서』(서울: 성서유니온선교회, 2009), p. 396.

38. 이와 관련하여 Christopher Smith & John Pattison, 『슬로처치』(서울: 새물결플러스, 2015)를 꼭 읽어보기를 추천한다.

39. 에덴의 회복에 대한 자세한 연구는 다음을 참조하라. William J. Dumbrell, *Covenant and Creation: A Theology of the Old Testament Covenants*, Biblical and Theological Classics Library (Carlisle: Paternoster Press, 1997); 이필찬, 『이스라엘과 교회, 어떻게 이해할 것인가』(서울: 새물결플러스, 2014).

40. Gordon J. Wenham 『모세오경』(서울: 성서유니온선교회, 2012), p. 51. 성경에서 이 에덴 이미지는 장막(tabernacle)이라고 부르는 장막 성소(출 25-40장)와 예루살렘 성전을 묘사할 때 쓰이고 있다. 물과 금 같은 모든 상징은 이 동산과 훗날의 성전 모두가 피조물에게 생명을 주시는 하나님께서 임재하시는 곳이라는 사실을 보여주는 역할을 하고 있다.

41. Gordon J. Wenham, 『WBC 성경주석: 창세기』(서울: 솔로몬, 2001), pp. 126-8. 하나님을 닮은 형상은 사람을 땅에서 하나님의 대리자가 되게 한다. 사람은 신의 형상으로 만들어졌으며, 따라서 이 땅 위에서 하나님의 대리자가 된다는 것은 왕에 대한 동양의 공통된 견해였다. 애굽과 앗시리아 문헌은 둘 다 왕을 하나님의 형상으로 묘사한다. 더욱이 이 문헌들에서 명백하게 왕의 과업인 피조 세계를 다스리고 정복하라는 명령이 사람에게 주어졌으며(참조. 왕상 4:24 등), 시편 8편은 사람을 영화로 관을 씌우고

하나님의 손으로 만드신 것을 다스리게 하면서 하나님보다 조금 못하게 창조되었다고 말한다. 구약성경은 특정한 왕 한 명이 아니라 모든 사람이 하나님의 형상을 지니고 있으며, 그 사람이 이 땅에서 하나님의 대리자라고 말한다.

William J. Dumbrell, 『언약신학과 종말론』(서울: 기독교문서선교회, 2000), p. 28. '우리가 사람을 만들자'라는 말이 하나님의 천상적 존재로서의 자기 표현이라면 '우리의 형상'(인류는 이 형상에 따라 지음 받을 것이고 이 형상을 반영할 것이다)은 천상에 속하며 하나님 홀로 이 형상을 소유한다. 그러므로 하나님의 형상에 따라 지음 받은 인간은 천상에 속한 존재의 형상이요, 하나님의 대리자가 된다(골 1:15-20에 바울이 그리스도를 하나님의 본래적 형상으로 증거하고 있음을 주목하라).

또한 사람이 신의 형상을 한 것은 하나님과 관계를 맺을 수 있는 자격이 있음을 말한다. 이는 하나님이 사람과 인격적인 관계를 맺으시고 또 말씀하심을 말하며, 사람이 그분과 계약을 맺으실 수 있다는 것을 의미한다.

42. Wenham, 『모세오경』, p. 76. 창 12:1-3은 홍수 이후로 하나님께서 인간에게 처음으로 하신 말씀이다. 전통적으로 이것을 아브라함의 소명이라고 부르지만 그 이상의 중요성을 가지고 있다. 이 부분은 오경 전체는 아니더라도 창세기 전체의 주제를 요약하고 있다. 이 소명을 통해 하나님은 아브라함에게 4가지를 약속하신다: 1) 땅 2) 많은 자손(큰 민족) 3) 축복, 즉 보호와 성공 4) 땅의 모든 족속의 축복.

43. N. T. Wright, 『톰 라이트가 묻고 예수가 답하다』(서울: 두란노서원, 2013), p. 281.

44. Dunn, 『바울 신학』, p. 254.

45. Dunn, 『바울 신학』, p. 255.

46. Wright, 『톰 라이트, 칭의를 말하다』, p. 46.

47. McKnight, 『예수 왕의 복음』, p. 52.

48. N. T. Wright, 『신약성서와 하나님의 백성』(고양: 크리스챤다이제스트, 2003), p. 362.

49. Wright, 『톰 라이트, 칭의를 말하다』, p. 29.

50. 천동설과 지동설의 비유는 이미 톰 라이트가 『톰 라이트 칭의를 말하다』에서 말한바 있다.

51. Richard B. Hays et al., 『고린도전서』(서울: 한국장로교출판사, 2006), p. 415.

52. Wright, 『예수와 하나님의 승리』, p. 853.

53. Wright, 『예수와 하나님의 승리』, p. 873.

54. Wright, 『예수와 하나님의 승리』, p. 853.

55. Wright, 『예수와 하나님의 승리』, p. 419. 특히 예레미야, 에스겔, 이사야 40-55장은 포

로 생활을 이스라엘의 죄악들의 결과 또는 죄악들에 대한 형벌로 보았다.

56. 이상의 내용은 톰 라이트의 주저를 요약한 것이다.

57. Wright, 『예수와 하나님의 승리』, p. 156.

58. 김세윤, 『신약을 어떻게 읽을 것인가』(서울: 성서유니온선교회, 2008), pp.35-6.

59. Larry Hurtado, 『주 예수 그리스도』(서울: 새물결플러스, 2010), pp. 83-161.

60. N. T. Wright, 『마침내 드러난 하나님 나라』(서울: 한국기독학생회, 2009), p. 220

61. 이필찬, 『내가 속히 오리라』(서울: 이레서원, 2006), p. 879.

62. Wright, 『마침내 드러난 하나님 나라』, p. 304.

63. Wright, 『예수와 하나님의 승리』, p. 384.

64. Wright, 『예수와 하나님의 승리』, p. 409. 그러나 우리는 현대의 기독교에서 이해되는 '믿음'의 개념을 무시해서는 안 된다. 바울 또한 복음 전도를 위해 그리스적 개념의 형태를 많이 사용했고, 아우구스티누스는 그리스 철학을 적극 도입했다. 이러한 과정에서 '믿음'이 개념적인 변화를 일으켰을지 모르지만, 복음에 담긴 의미와 거대한 계획은 파괴되지 않았다는 것을 기억해야 한다. 따라서 필자는 전통적인 개념과 이해를 무시하고 터부시할 것이 아니라 교회사적인 맥락에서 '믿음'의 의미와 개념의 변화에 대한 연구 역시 필요하다고 생각한다. 이러한 연구를 통해 그들이 복음을 그들의 역사적 과정 속에서 효과적으로 전달해왔는지, 그리고 거기엔 어떠한 패턴이 있는지 살펴봄으로써 현대 교회에 어떻게 복음을 전해야 할지에 대한 대안과 방법을 모색해볼 수 있다.

65. 마 16:16-18

66. 골 1:18

| 참고문헌 |

Borg, Marcus J. 『그리스도교 신앙을 말하다』. 서울: 비아(타임컨텐츠), 2013.

Bruce, F. F. 『바울』. 서울: 크리스챤다이제스트, 1992.

Carson, D. A., Peter Thomas O'Brien and Mark A. Seifrid. *Justification and Variegated Nomism*. 2 vols. Wissenschaftliche Untersuchungen Zum Neuen Testament 2 Reihe; Tübingen: Mohr Siebeck; Grand Rapids, Mich.: Baker Academic, 2001.

DeSilva, David Arthur. 『신약개론』. 서울: 기독교문서선교회, 2013.

de Vaux, Roland. 『구약시대의 생활풍습』. 서울: 대한기독교서회, 1983.

Dodd, C. H. *The Apostolic Preaching and Its Developments: With an Appendix on Eschatology and History*. Grand Rapids: Baker, 1980.

Dumbrell, William J. *Covenant and Creation: A Theology of the Old Testament Covenants*. Biblical and Theological Classics Library. Carlisle: Paternoster Press, 1997.

Dumbrell, William J. 『언약신학과 종말론』. 서울: 기독교문서선교회, 2000.

Dunn, James D. G. 『바울 신학』. 고양: 크리스챤다이제스트, 2003.

Hays, Richard B. 『예수 그리스도의 믿음』. 평택: 에클레시아북스, 2013.

Hays, Richard B. 『한·미 공동 주석편집. 고린도전서』. 서울: 한국장로교출판사, 2006.

McConville, Gordon. 『선지서』. 서울: 성서유니온선교회, 2009.

McKnight, Scot. 『예수 왕의 복음』. 서울: 새물결플러스, 2014.

Moo, Douglas J. 『NICNT 로마서』. 서울: 솔로몬, 2011.

Wells, David F. 『신학 실종』. 서울: 부흥과개혁사, 2006.

Wenham, Gordon J. 『모세오경』. 서울: 성서유니온선교회, 2012.

Wenham, Gordon J. 『WBC 성경주석: 레위기』. 서울: 솔로몬, 2001.

Wright, Christopher. 『(구약의 빛 아래서) 그리스도를 아는 지식』. 서울: 성서유니온선교회, 2010.

Wright, N. T. 『로마서』. 평택: 에클레시아북스, 2014.

Wright, N. T. 『마침내 드러난 하나님 나라』. 서울: 한국기독학생회, 2009.

Wright, N. T. 『신약성서와 하나님의 백성』. 고양: 크리스챤다이제스트, 2003.

Wright, N. T. 『예수와 하나님의 승리』. 고양: 크리스챤다이제스트, 2010.

Wright, N. T. 『톰 라이트, 칭의를 말하다』. 평택: 에클레시아북스, 2011.

Wright, N. T. 『톰 라이트가 묻고 예수가 답하다』. 서울: 두란노서원, 2013.

김득중. 『요한의 신학』. 서울: 컨콜디아사, 1994.

김세윤. 『구원이란 무엇인가』. 서울: 두란노 아카데미, 2001.

김세윤. 『신약을 어떻게 읽을 것인가』. 서울: 성서유니온선교회, 2008.

김세윤. 『요한복음 강해』. 서울: 두란노, 2001.

김세윤. 『칭의와 성화』. 서울: 두란노서원, 2013.

김형국. 『청년아 때가 찼다』. 서울: 죠이선교회출판부, 2012.

송제근. 『오경과 구약의 언약신학』. 서울: 두란노, 2003.

양용의. 『하나님 나라』. 서울: 성서유니온선교회, 2005.

양희송. 『가나안 성도 교회 밖 신앙』. 서울: 포이에마, 2014.

이민규. 『신앙, 그 오해와 진실』. 서울: 새물결플러스, 2014.

이필찬. 『내가 속히 오리라』. 서울: 이레서원, 2006.

이필찬. 『이스라엘과 교회, 어떻게 이해할 것인가』. 서울: 새물결플러스, 2014.

Simply Gospel

하나님 나라 관점으로 보는 복음

Copyright ⓒ 신성관 2015

1쇄발행_ 2015년 3월 15일
4쇄발행_ 2016년 3월 10일

지은이_ 신성관
펴낸이_ 김요한
펴낸곳_ 새물결플러스
편 집_ 왕희광·정인철·최율리·박규준·노재현·최정호·한바울·유진·권지성·신준호
디자인_ 이혜린·서린나·송미현
마케팅_ 이승용
총 무_ 김명화·최혜영
영 상_ 최정호

아카데미_ 유영성·최경환·황혜전

홈페이지 www.hwpbooks.com
이메일 hwpbooks@hwpbooks.com
출판등록 2008년 8월 21일 제2008-24호
주소 (우) 07214 서울특별시 영등포구 양평로11, 5층(당산동 5가)
전화 02) 2652-3161
팩스 02) 2652-3191

ISBN 979-11-86409-00-8 03230
책값은 뒤표지에 있습니다.

이 도서의 국립중앙도서관 출판시도서목록(CIP)은 서지정보유통지원시스템 홈페이지
(http://seoji.nl.go.kr)와 국가자료공동목록시스템(http://www.nl.go.kr/kolisnet)에서 이용하
실 수 있습니다(CIP제어번호: CIP2015006267).